Une enfance algérienne

Textes recueillis
par Leïla Sebbar

Gallimard

MES ENFANCES EXOTIQUES

Malek Alloula

Né en Algérie. Il vit à Paris depuis 1967. Il a publié des recueils de poèmes :

Villes et autres lieux (Bourgois, 1979).

Rêveurs/Sépultures (Sindbad, 1982).

Mesures du vent (Sindbad, 1984).

Un essai :

Le harem colonial (Slatkine, 1983).

Un ouvrage collectif :

En mémoire du futur, pour Abdelkader Alloula, sous la direction de Malek Alloula, et l'Association Abdelkader-Alloula (Sindbad-Actes Sud, 1997).

« *'Ttrape mon zeb, toi !* »

Largement ouvertes sur la rue, les fenêtres de notre salle de classe laissèrent passer la moqueuse et très distincte réplique d'un gamin du village qui répondait du tac au tac à notre instituteur du CM1, M. Cascalès.

Quelques instants auparavant, celui-ci avait, sans crier gare, interrompu sa dictée pour se précipiter vers l'une des baies, menaçant de sa grosse règle le loustic non scolarisé qui, accroché au chambranle, se gaussait, avec force mimiques hilarantes et bruits inconvenants de la bouche, de notre studieuse jobardise par une si belle journée.

« *Attends voir ! Que je t'attrape ! Petit voyou !* »

Penché à mi-corps au-dessus de l'appui, M. Cascalès, la voix tonnante, agitait, tel le g

moustachu de Guignol, son inutile règle dont les
pouvoirs punitifs et dissuasifs ne pouvaient s'étendre au vaste et incontrôlable domaine de la rue, surtout lorsque notre petit singe, qui n'en était pas à
son coup d'essai, avait en quelques dansantes foulées
mis une salutaire distance entre lui et son perchoir
de prédilection — là où il revenait invariablement
et sans autre remords pour jouir d'une vue plon-
geante sur ce lieu qui lui était inaccessible mais
qu'il ne nous enviait pas.

« *'Ttrape mon zeb!* »

Moins distinctement perçu, cette fois-ci : une
sorte d'évanescent mais revigorant écho, pied de
nez subversif qui ne pouvait que secrètement nous
réjouir, nous qui, pâles et tremblants, marinions
dans les affres d'une composition d'orthographe
que l'irrespectueux et viril défi du garnement
achevait de déréaliser.

« *Continuons* », fit sombrement l'inexorable M. Cascalès, s'adressant à nos têtes déjà penchées comme
au-dessus de billots et revenues de leur courte fuite
imaginaire sur les pas de quelque joueur de flûte
ensorceleur.

Les fenêtres avaient été soigneusement refer-
mées par notre bourreau en sarrau noir qui, déambulant entre les pupitres, égrenait nerveusement les
syllabes détachées de notre calvaire, péniblement
retranscrites en pleins et déliés violets sur des por-

tées autres que musicales mais, comme elles, pleines de soupirs et de silences.

Le fait que le héros de ces habituels esclandres — dont, bizarrement, la furtive présence à la fenêtre était immédiatement signalée à notre maître d'école par des « M'sieu ! », « M'sieu ! » chuchotés par les seules filles de la classe déjà rosissantes et pendues aux lèvres du chenapan qui, il faut le croire, ne les décevaient jamais — fût, en dehors des heures de cours, l'un de mes amis de jeux dans ce petit village colonial de l'Oranie ne saurait expliquer à lui seul la prégnance de ce souvenir.

Aujourd'hui, ce « *'Ttrape mon zeb, toi !* », surgi à cette occasion comme un juvénile écho vibrant dans sa toujours fraîche immanence, traversant les couches superposées d'autres souvenirs, serait-il le fil d'Ariane que je tire pour démailler le tricotage du temps, de mon temps ?

Sonnant si juste, telle une devise barbare, un cri de ralliement dans ce microcosme villageois pour le moins bigarré et où je fis, comme d'autres, usage des années consacrées à l'enfance et à l'adolescence — périodes durant lesquelles se pose justement la question du sexe, fût-il d'abord verbalement brandi pour ridiculiser ou insulter l'autre. (Oh ! comme *a posteriori* je comprends les fillettes de notre école communale, impatientes — pour les changer du registre bienséant et familial qui allait sous peu transformer la plupart d'entre elles en dames sans enfance — d'entendre, encore une fois et malgré les efforts conjugués de M. Cascalès et du garde champêtre pour piéger le scandaleux récidiviste, l'imprononçable phrase, anatomiquement réservée aux seuls garçons. Mais ne la prononçaient-elles pas mentalement par leur zèle et leur empressement à attirer l'attention de M. Cascalès sur la présence de l'intrus? Il me semble encore percevoir dans leurs « M'sieu! », « M'sieu! » tout le trouble respiratoire que fait naître l'imminente réalisation d'un désir dont résulterait cette brève mais si satisfaisante jouissance auditive.)

La vie dans notre village était placée — pour employer une expression faisant image — sous le signe de la succession des travaux et des jours.

Avec son rythme trimestriel, l'école communale s'y adaptait pour ainsi dire naturellement, au gré des saisons, dont chacune avait sa couleur, ses odeurs, ses bruits, ses jeux — toutes choses qui en définissaient l'atmosphère et l'unicité et auxquelles nous goûtions sans autre souci que d'y regoûter encore et encore.

Le monde s'arrêtait quant à lui aux limites communales, et cela nous suffisait largement. La bienheureuse autarcie dans laquelle nous vivions ne contribuait pas peu à nous incruster davantage dans une glèbe généreuse dont nous rapportions chez nous des fragments accrochés à nos espadrilles et qui me semblent, encore et très longtemps après, toujours coller à mes semelles parisiennes.

La relation du bonheur, fût-il modestement villageois, est chose malaisée — périlleuse dès lors qu'on veut en explorer le versant enfantin, où un infime rien prend aussitôt des allures de miraculeuse aubaine.

Nos aubaines, justement, nous attendions les vacances scolaires pour en faire la plus ample et la plus mirifique moisson.

Des trois périodes officielles que l'école laïque retenait pour lesdites vacances, celles de Pâques nous étaient les plus chères. D'abord, parce qu'elles nous donnaient un avant-goût de la prochaine, longue et prolifique trêve estivale. Ensuite, parce que, durant ces vacances-là, il se passait de drôles de choses pour nous qui les observions avec toute l'acuité que n'accaparaient plus l'école et ses devoirs à la maison.

Il y avait, en avril-mai, comme un changement très subtil d'atmosphère dans le village : une sorte de fourmillement sous-jacent en parcourait l'épiderme rendu de plus en plus sensible et prêt à céder sur ses lignes de moindre résistance. Et Dieu sait qu'elles étaient nombreuses ces lignes-là en cette période-là. Il fallait juste un petit branle dont nous guettions la première manifestation avec

l'impatience de prédateurs échappés au morne
ennui scolaire pour rejoindre et gonfler les troupes
de leurs congénères libres, eux, des entraves de
l'obligatoire et gratuite laïcité.

Les choses prenant sous nos yeux tournure et
ampleur, il était rare que cette période, très cir-
conscrite dans le temps, ne s'achevât pas par quelque événement marquant, une sorte de clash, qui
assommait d'un coup tout le village puis l'achemi-
nait insensiblement, une fois la brutalité du choc
initial plus ou moins amortie, sur les chemins de sa
propre histoire anecdotique — celle que la
mémoire collective condense autour d'inexpli-
cables faits créateurs de légendes, sans l'aide des-
quels la vie sociale se résumerait en une juxta-
position d'égoïsmes aussi frileux que stériles et par
là même peu propices au raffermissement de cette
abnégation villageoise nécessaire au maintien
d'une cohésion bien trop précaire à force d'étroitesse.

Il y avait, pour désigner cette période sensible de
la vie du village, un seul terme générique : *Tekouk*,
qui englobait dans son champ sémantique et malgré son laconisme toute la diversité des manifesta-
tions, connues ou encore inédites, de cette saison-
nière *hubris* communale.

Ce mot, par sa parfaite adéquation à son
contenu et par les signalés et indispensables services

qu'il rendait à ses utilisateurs, avait perdu toute filiation étymologique pour se faire adopter par les uns et les autres, sans distinction de confession religieuse, de condition sociale, d'âge ou de sexe.

Invoquer le *tekouk* non seulement contribuait à mettre tout le monde d'accord, mais revenait aussi à déployer devant l'Inexplicable, le Mystérieux, le Scandaleux, l'Énorme..., la seule grille de compréhension intuitive, non argumentée, globale et décisive.

À la fois alibi et fruit d'une sagesse paysanne, chèrement acquise mais désormais « engrammée », le recours au *tekouk* avait ce goût de fatalisme bien tempéré qui constitue le fonds naïf et primesautier commun aux trois monothéismes présents sur le sol villageois, et dont les sectateurs, munis de ce si pratique sésame, comptaient tirer l'assurance d'un double salut : terrestre et céleste.

Le premier et brutal prodrome, emblématique de cette entrée dans la zone des tempêtes pour la communauté, était toujours de nature bovine et nous, les enfants du village, courant en grappes joyeusement vociférantes, claironnions — tels des hérauts commis à l'annonce d'ides de mars ou autres lupercales — l'avènement de ce temps béni du *tekouk*.

Mais la scène primitive d'abord. Queue à la verticale et cornes à l'horizontale, yeux révulsés et

naseaux frémissants, séparément ou ensemble, plusieurs vaches en rupture d'étable traversaient, à
toute allure et sans prévenir, le village, mugissant
comme des désespérées.

Nous les poursuivions par les ruelles et venelles
jusqu'à notre complet essoufflement puis nous les
regardions s'éloigner en caracolant comme
d'aériennes antilopes du Transvaal dont elles re-
trouvaient — mystérieusement inspirées et malgré
leur peu d'aptitude anatomique pour ce genre de
chorégraphie — les grâces et les mignardises, les
entrechats et grands écarts auxquels seul le proprié-
taire desdites vaches trouvait à redire, ramenant
toute cette beauté, qui le faisait douloureusement
gémir, à des problèmes d'échine brisée, d'épaule
luxée ou d'auto-éventration.

Après avoir semé bouses de bonne taille et
panique rigolarde, elles finissaient très souvent leur
course hagarde dans les communes voisines des-
quelles nous arrivaient, mais en sens inverse,
d'autres furies semblables aux nôtres et en proie
aux mêmes déroutants symptômes que leurs sœurs
tekoukisées.

L'introductif *tekouk* bovin apaisé et les dégâts
dénombrés comme après le passage d'une tornade,
le bilan comparatif pouvait s'établir qui mettait en
perspective celui des précédentes années. Pour
cette fois, la commune annonçait une pompe à

essence prise de plein fouet et pliée en deux, un sac de pois chiches éventré, des hardes mises à sécher emportées définitivement, un guéridon et des chaises de café fracassés, plus quelques menus et triviaux désagréments que la pudeur exigeait de taire et qui de toute façon n'étaient pas remboursables.

Chez les adultes, les commentaires vespéraux de cette journée inaugurale, accompagnés de fins sourires et pleins de sous-entendus, donnaient à penser que nos vaches, piquées par on ne sait quelle mouche vicieuse, avaient dû entendre un taureau solitaire dire à son bouvier avant de filer naseaux au vent : « *'Ttrape mon zeb, toi!* », mâle adresse que l'écho printanier s'était fait un devoir de réverbérer et de rendre plus attractive en en variant les intensités et les flexions acoustiques.

Le *tekouk* ne concernait pas seulement la race bovine — ce qui l'aurait assurément réduit à n'être que la simple et plate expression du rut animal dont les paysans, sous toutes les latitudes, sont revenus depuis bien trop longtemps pour marquer quelque émoi à cette occasion.

En revanche, contagieux, il se répandait équitablement, touchant hommes, femmes, enfants de sa légère aile, les marquant au front de cet intangible signe nocturne qui en faisait, héros ou vic-

times expiatoires, des prédestinés au *tekouk* nouveau cru.

Au matin, dans le village — bien qu'ils présen-
tassent leur aspect habituel, fussent dans l'igno-
rance de leur singulière élection et n'eussent pas
commis d'actes révélateurs —, nous reconnaissions
infailliblement les tout fraîchement adoubés et en
attendions beaucoup.

Les épidémiques résultats du *tekouk* humain
pouvaient être rangés sous des rubriques aussi
variées et accueillantes que tromperies conjugales,
grossesses non justifiées, subreptices déménage-
ments forfait accompli, faillite, grosses bagarres
après grosses beuveries, coups de folie douce ou
violente, mariages intempestifs, yeux au beurre
noir, voyages précipités et sans retour — en fait,
tout un catalogue de joyeuses calamités.

Mais à tout cela — à tous ces drames et déconfi-
tures consommés ou à venir —, une panacée :
Tekouk, tekouk. Même la mort subite d'un bien-
portant était de son ressort et conférait au défunt
une dimension supplémentaire, qu'on lui aurait
contestée de son vivant mais qui, en cette période
peu banale, en transfigurait le souvenir et en
magnifiait la chronique.

Nous, les enfants du village, n'étions pas en reste
dans cette espèce de tohu-bohu saisonnier où, sous
prétexte de *tekouk*, les raclées familiales et autres

coups de canne étaient momentanément suspendus et remis à plus tard.

Tel un essaim brusquement ensauvagé, nous vibrionnions sans relâche comme pour faire monter la pression qui visiblement n'avait pas besoin de nos dévoués efforts pour cela : la machine emballée s'était dotée de son propre rythme de croisière et courait sur son erre sans autre souci que de toucher au port en dépit des avanies.

Les débuts d'un retour à la normale, qui était aussi le point d'orgue, l'acmé de cette quinzaine de *tekouk*, coïncidaient avec une sorte de rappel du religieux chez les chrétiens du village.

Le dimanche suivant le Vendredi saint, la population européenne se transportait en masse et de très bonne heure dans la forêt domaniale pour un pique-nique à grande échelle.

De gigantesques paellas, soumises à concours entre familles et qui avaient durant des heures mijoté sur feu de bois, étaient englouties par des convives qui jusque-là avaient vaillamment combattu la chaleur des foyers à coups de litres d'anisette, repoussés, maintenant qu'ils bâfraient, par autant de litres de ce bon vieux vin de Mascara, tellement franc du collier qu'il vous assommait de face comme un homme.

Débraillés et tanguant dangereusement au-dessus du riz safrané, nos pique-niqueurs avaient la voix haute, le rire gras et contagieux, les obscénités innocentes et le ronflement sonore pour ceux qui, ayant déjà salué la compagnie (« *Ces femmelettes, tiens !* »), dormaient la bouche béante à l'intention des fourmis rouges qui venaient y faire leurs processionnaires et diligentes provisions sans trop regarder à la marchandise proposée.

Dans ce relâchement général et *tekouk* aidant, tout, en ce précrépuscule, devenait flou et délicieusement embué, joliment irisé et alangui — somnambulique. Les gestes et les paroles avaient à présent de ces ralentis aquatiques comme les rêves heureux en proposent : parler en coulant doucement dans une piscine sans fond, jouir sans crainte de cette noyade bavarde.

Nous regardions tout cela avec la plus vive attention et attendions, en compagnie de nos copains venus en famille, que les ultimes barrages cèdent. L'imminence de l'écroulement des corps emmêlés nous fouettait les sangs et nous faisait plus discrets dans les fourrés.

Ce jour-là, mon ami et moi avions choisi de nous attacher aux pas plus ou moins assurés de Paulo Ayala, le menuisier du village. Trapu à en être carré, bâti en force et d'un seul tenant, il rappelait presque par mimétisme un bloc grossièrement équarri avant le sciage en long. C'était connu, Paulo avait l'ivresse solide et l'entêtement asinien. Mme Ayala, sa légitime, qui pouvait en talons plats lui poser sa paire de seins sur la fontanelle, lui seyait comme un gant : elle ne tenait pas la boisson et faisait preuve d'une docilité à toute épreuve. Dans la plus scabreuse situation, Georgette, cocufiée et battue, ne pouvait se permettre qu'un timide et à peine audible : « *Paulo, voyons…* » Les interminables points de suspension, qu'elle posait toujours en s'adressant à son ours, faisaient que tout le village reconnaissait à Mme Ayala « *beaucoup, beaucoup d'éducation, la pauvre* ».

Paulo, nous le pistions de loin dans son lent slalom entre les pins. Son cap de navigation, corrigé tous les deux-trois mètres, le menait droit vers une combe à flanc de coteau que nous connaissions bien pour y avoir souvent joué aux cow-boys et aux Indiens.

Après un long et abondant arrêt-pipi, un coup de mouchoir sur nuque, tête et visage, notre homme s'approcha du bord de la combe en roulant gaillardement des mécaniques. Son gracieux appel chuchoté, « *Arlette ! T'es là ? C'est moi !* », aurait dû réveiller les dormeurs s'ils n'avaient pas trouvé dans leur état comateux une excuse à leur trouille et à leur crainte de se mêler « *aux affaires du Paulo* ».

En réponse au message si peu chiffré, émergea du douillet nid sylvestre un mélodieux roucoulement, « *Coucou, coucou, j'suis là* », qui galvanisa notre faune en bretelles, glissant derechef sur le tapis d'aiguilles de pin en direction de l'aguicheur gazouillis.

En moins de deux, Mme Arlette, notre préposée aux Postes, se retrouva, jupes retroussées pardessus le chignon, coincée contre un tronc d'arbre trop rugueux pour son administratif postérieur. Nous la vîmes gigoter pour se débarrasser également de toutes ces mains inventorieuses taillées dans le même bois que l'écorce. Notre postière était en pleine menuiserie et y laisserait des copeaux.

Le baiser qu'échangèrent les tourtereaux, sous forte houle et double tangage non synchrone, fut d'anthologie, louisianais : il faillit briser la nuque et le dos de la frêle Mme Arlette, déjà en apnée prolongée et qui étourdiment essaya de résister à l'oblique poussée du père Ayala, indévissable sur ses appuis et comme ancré dans l'humus spongieux de la pinède.

Faute de pouvoir plier davantage, Mme Arlette tomba à la renverse suivie dans sa chute par un météorite aux bretelles pendantes et aux fesses dénudées qui la percuta sans autres salamalecs ou baisemain. Les jambes pâles d'Arlette (on pouvait la nommer ainsi en toute intimité) firent, dans ce clair-obscur de sous-bois et par-dessus le dos bosselé de notre homme-tronc, un dernier, dérisoire et déchaussé V de la victoire.

C'est cet instant-là que choisit mon ami pour hurler à tue-tête en direction de l'inégal pugilat : « *C'est l'heure d'la mouna, m'sieu Ayala ! La mou- ououounââââ !* »

Du fond de la combe nous parvint, compact et meurtrier, désintégrateur, le grognement du Paulo besognant dans les P.T.T. : « *Attends voir que je t'at- trape ! Fils de pute ! P'tit enculé, va ! Que je t'attrape !* »

Nous laissâmes sans crainte filer l'obus dans les branches des arbres pour profiter des gémissements et suffocations d'Arlette et apprécier la technique fouisseuse de Paulo métamorphosé en cochon truffier pour la bonne cause.

Quand il fit trop sombre pour un cadrage satis- faisant, nous nous éloignâmes dans cette forêt où des bruits de rangements d'ustensiles et des appels bêlants sonnaient déjà l'heure du retour au village et la fin de l'annuelle catharsis communale.

Dans cette paix enfin retrouvée, parfumée après l'épreuve du *tekouk* des odeurs mêlées de paellas et de résine de pin — en cet instant béni entre tous où devrait se partager bibliquement la mouna pas- cale avant d'envoyer les enfants au lit, car demain c'est école — à cette seconde-là, retentit dans mon passé tout le rire moqueur de mon enfance dont les échos me reviennent dans cette phrase en quelque sorte talismanique :

« *'Ttrape mon zeb, Paulo Ayala !*
'Trape mon zeb et tiiiiiirrre ! »

TLEMCEN LA HAUTE

Jamel Eddine Bencheikh

Né le 27 février 1930 à Casablanca, dans une famille algérienne de magistrats, originaires de Tlemcen, où il passe les vacances d'été. Études d'arabe. Il enseigne à Alger de 1962 à 1968, puis à Paris IV-Sorbonne. Il publie des ouvrages consacrés à la littérature médiévale arabe, dont :

Le voyage nocturne (Imprimerie nationale, 1988).

Poétique arabe (Gallimard, Tel, 1989).

Il traduit, avec André Miquel, *Les Mille et Une Nuits* (tomes I et II, Folio, 1991 ; tome III, 1996), à paraître dans la « Pléiade ». Il publie plusieurs recueils de poèmes dont les derniers :

Désert d'où je fus, eaux-fortes d'Ali Silem (Tétouan, 1994).

Paroles montantes (Tarabuste, 1996).

Rose noire sans parfum, roman (Stock, 1998).

Je fais un rêve. Presque tous les soirs. Le même. J'éteins la radio et je rêve. Je n'arrive pas à éteindre ce rêve. Je quitte mon corps pour celui d'un enfant de six, neuf, douze ans. Je grandis à chaque fois. L'été nous arrivons de Casablanca, Mahmoud, Zoubida qui descend de voiture en *hâik* à bandes de lin et de soie, épinglé par une fibule d'argent, *bazîm*, fin voile de visage, *'ajâr*, anneaux de chevilles, *khulkhâl*, et souliers à talons aiguilles ; et nous les cinq enfants. La ville d'enfance, Pomaria : les vergers ; Agâdir : le haut plateau ; Tilmisân : les sources ; Tagrart : le camp ; Mansoura : la victorieuse... Tlemcen la haute, aux rouges remparts, j'égrène le chapelet irréversible de tes noms. Je prête l'oreille à la rumeur de tes torrents : Tafna, Mafrûsh, Shûli, Isser, et au roucoulement des pigeons sous les cascades d'al-Ourit :

On disait : al-Ourit ! al-Ourit !   J'y suis allé voir
J'y trouvai pierres amoncelées   sept déversoirs...

À sept kilomètres de la ville, sept cascades l'une au-dessus de l'autre. La dernière, au niveau de la route, avait pour nom az-Zarga, la bleue, la glaciale. Seuls les très bons nageurs s'y baignaient. Ah ! les fêtes du printemps d'al-Ourit. La maison s'y transportait en voiture ou en carriole tirée par un âne. En chemin, on cueillait des fleurs, des cerises, des pommes de pin. Les mères gardaient leurs sarouals bouffants, *khulkhâl* aux chevilles ; les vieilles dames bavardaient sous leurs bonnets pointus ; les filles se baignaient en *fouta*, à demi nues, et chantaient le *tahwîf** en poussant une escarpolette fixée à une maîtresse branche :

... S'y trouvaient jeunes filles	*actives au lavoir*
La première un astre	*deuxième un cristal*
La troisième, ô frère,	*feu resplendissant*
La dernière, ô frère,	*d'aussi loin m'embrase*

Les femmes juives chantaient aussi lorsqu'elles venaient là fêter la Pâque, *Pessah*. On échangeait des youyous, des mets et des friandises. Pour le dîner, on étendait les nattes, disposait les coussins, servait le couscous dans des jattes de bois et des

---

* Les mots ou expressions suivis d'un astérisque sont expliqués dans le glossaire en fin du texte.

plats de terre cuite avant que les conteuses ne
fassent taire les enfants avec des histoires de reve-
nants, et les jeunes gens avec des légendes
d'amour.

Et la nuit à al-Ourit ? Ah, la nuit appartenait à
Moh l'aveugle, le mari de Mahdjouba. Il venait
à toutes les soirées que les jeunes gens s'offraient à
al-Ourit pour enterrer leur vie de garçon. « Verse
du vin, camarade, et joue de la mandoline, verse
que je regarde la mort en face. Récite-nous des
poèmes d'Ibn Khamîs*, d'Ibn Msâieb* ou d'Ibn
Sahla*, de ces chants qui vous emportent l'âme. »

À l'aube, les lurons rentraient, cherchant quelque farce à faire sur le chemin. Un jour, ils avaient
raccompagné Mahmoud jusque chez lui en récitant la *Burda*, le poème d'al-Bûsîrî*. Et ce visage de
grand-père, Mohammed, le quatorzième du nom,
surgi à la porte, face à la mauvaise troupe tombée
en silence, croyant que Mahmoud, son seul fils,
était mort. La nuit suspendait ses draps noirs. Il ne
dit rien. Il avait compris leur folie, peut-être, lui
qui, jadis, avait quitté Tlemcen pour le Khroub :
un amour maudit menaçait de lui coûter la vie. Il
était assis à un café sur la place du Mechouar. Un
ami passa qui balaya de sa canne la tasse servie :
pleine de poison ! Quel amour mortel avait-il
conçu et de quel silence vécut celle qu'il aimait ?

Il habitait une belle demeure à Sid al-Yaddûn :

Je salue notre maison je salue la chambre haute
Ses murs sont d'or ses portes de cannelle
Ses marches de soie pli sur pli
Du miel de son puits je bois à plus soif

Dans la chambre haute, il avait un coffre en bois marqueté contenant des dizaines de flacons de verre décoré, avec des bouchons qui se rattachaient au col par une chaînette. Tout autour, encensoirs de cuivre, aspersoirs d'argent repoussé ou de céramique, brûle-parfums, aiguières, coupes. Cristal, albâtre, opaline, verre fin moucheté. Grand-père mêlait les essences de jasmin et de rose qui lui venaient de Grasse où l'Algérie envoyait aussi son géranium rosat. Affairé et heureux, entier à ses compte-gouttes bien propres. Il chantonnait à bouche close, un air sans air, une mélodie de rien qu'il retrouvait sans se souvenir. Visage encadré de gaze légère, barbe soyeuse et en pointe qu'il lissait avec un peigne d'écaille vert sculpté en forme de poisson. Mains fines et blanches, ongles soignés comme ceux d'une belle. Il avait les gestes sûrs et rapides d'un chimiste, avec la délicatesse et l'hésitation mesurée d'un parfumeur. Il ressortait de cette pièce une senteur nouvelle sur les mains, vivante, secrète, mystérieuse et prenante, à faire chanter le corps et l'âme.

Il percevait alors comme un murmure. Il avait

l'ouïe fine et pouvait entendre, disait-on, la rosée glisser sur les feuilles. Le chuchotement montait d'une des quatre pièces du bas ouvrant sur le patio, celle où sa femme, une fille Benayed vous savez, et ses trois filles se réunissaient avec quelques amies et les servantes. C'était bien cela, elles pleuraient, assise chacune sur un tapis, le café servi dans de minuscules tasses turques. Elles buvaient à petites gorgées entre deux sanglots ou deux rires, tête penchée sous la mitre d'argent en pain de sucre entourée d'un voile de soie noire bordé de perles, un châle couvrant la tête et les épaules, *bakhnûq*. Pourquoi pleuraient-elles ? Pourquoi riaient-elles ? Pour tout, pour rien : le destin, la solitude, une coquinerie, la maladie, le bonheur, cette chaleur, tout, rien, la vie de femmes, et surtout les hommes, ah oui, les hommes...

Les murs étaient tendus de bandes de velours, *haytî*, doubles rideaux aux portes, piles de couvertures de laine, *bourâbah*, saupoudrées de soufre sur une chaise à l'un des angles de la pièce. Grand-mère Bencheikh y avait accueilli un jour de 1921 une jeune fille de seize ans aux cheveux jusqu'à la taille, Zoubida Belbachir, l'épouse de Mahmoud, qui devait lui donner cinq petits-enfants. Elle lui avait raconté, à voix basse, deux légendes. Celle du basilic voleur de songes et celle du galant de nuit voleur d'âmes :

« Ne dors jamais avec un basilic, mets ses pots

dans le patio pour la nuit car il vole les pensées et les rêves. Il les rassemble et les chuchote à la première brise, les confie aux nuages, les baigne dans les rivières, les accroche aux branches, les mêle au parfum des fleurs. Quelques jours plus tard, plus personne dans la ville n'ignore les secrets de ton sang.

« *L'amour est dans nos maisons*　　*l'amour nous a*
　　　　　　　　　　　　　　　　　　　　　　façonnés
« *L'amour est dans nos puits*　　*à rendre douce l'eau*
« *L'amour est dans la vigne*　　*qui étend ses*
　　　　　　　　　　　　　　　　　　　　　　rameaux
« *Et nul n'y résiste*　　　　　　　*Émir ou bien*
　　　　　　　　　　　　　　　　　　　　　　Sultan

« Méfie-toi aussi du galant de nuit, verrouille portes et fenêtres. S'il rôde et que son parfum pénètre dans les chambres où dorment les femmes, elles sont perdues. Elles se lèvent et le suivent de ruelle en ruelle, de quartier en quartier, jusqu'à ce qu'elles trouvent les maisons où se fait l'amour. Elles deviennent folles. Leur corps reste immobile près de vous mais leur âme est partie avec l'arôme du galant de nuit et ne revient jamais. »

Grand-mère racontait aussi les rêves étranges qu'elle faisait, l'un d'eux surtout : un homme avait soulevé son voile pour l'asperger d'eau. Levée dès l'aube du lendemain, elle glissa sur les carreaux de faïence colorée du patio, les *zallâidj, azulejo*, mouillés par la pluie et tomba le visage dans une marmite d'eau bouillante. Un juif la guérit : il avait pilé une carapace de tortue, mélangé la poudre à de l'huile et lui avait fait des applications pendant trois jours.

Lorsque grand-père quittait les femmes, il descendait la ruelle et l'occupait tout entière, le pas majestueux et l'œil haut. Il ne tournait jamais la tête mais tout le corps, d'un bloc, comme le Prophète, donnant à chaque geste une lenteur de statue. Il portait larges pantalons à plis et double burnous, le blanc de fin coton et celui de drap noir, tous deux à capuchon. Gilet sans manches, *bad'iyya*, ouvert devant, barré par la chaîne de montre ; petite veste courte à manches très étroites fermées par une ligne de boutons allant du coude au poignet, *'ulîla*. Sa coiffure était merveilleusement compliquée : calotte de coton blanc piqué, *'arragiyya*, sous un bonnet de feutre blanc recouvert d'un tissu rouge, *klâh*, autour duquel se roulait un long turban de cotonnade qui allait envelopper le cou et se rejetait sur la nuque, *shadd* ou *hawwâq*, et enfin le fin cordonnet tressé de poil de chameau, *khît al-oubar*.

Il passait, répondant aux salutations, dans la jolie langue de Tlemcen s'il rencontrait le maître musicien Cheikh al-'Arbî Bensarî* ; en arabe classique s'il croisait un de ses collègues magistrats ; en français s'il bavardait avec William Marçais* qui fut directeur de la Médersa d'Alger, ou Alfred Bel, le directeur de la Médersa de Tlemcen, en costume de lin, canotier et canne.

Au passage son regard s'attardait sur l'homme hirsute aux yeux gris assis face à la fontaine. Qu'il fut jadis intelligent et jovial celui-là à qui tout souriait ! Marié à la plus belle femme de la venelle, généreuse, aimante, qui consolait les filles, réparait leurs vêtements et leurs frasques. Un coussin sur les genoux, dans le patio aux plantes rares, elle brodait. Elle ne pouvait avoir d'enfant. Alors il la répudia par triple serment, c'est-à-dire qu'un autre devait l'épouser et la répudier pour qu'elle lui revînt. Mais cet autre s'enfuit avec elle au lieu de la rendre. Nuit de noces, nuit de tempête. La vie a continué sans eux. L'homme hirsute aux yeux gris attend toujours à la fontaine.

Grand-père, tenant son fils Mahmoud par la main, se rendait tous les matins au souk. Il examinait les poivrons brillants, les aubergines pour la *brâniyya*, les cardons, les grosses figues vertes, juste avant les noires petites et mielleuses. Il vérifiait le poids de la viande, goûtait d'un doigt à l'huile d'olive ou au miel, respirait un poivre rouge, un cumin ou une cannelle. Mahmoud écoutait ses appréciations et suivait tous ses gestes. C'était important. Il faudrait qu'il sache, lui aussi, parler aux marchands, reconnaître la qualité d'un safran ou d'un gingembre, distinguer l'agneau de la brebis. C'était difficile mais il regardait bien pour se souvenir des gestes et les refaire comme ils devaient être faits, dire les paroles justes ; son fils à lui l'accompagnerait un jour et apprendrait cette façon d'exister que les pères passent à leurs enfants en leur prenant la main.

Ainsi vécurent-ils. Grand-père mourut le 1er août 1933, vêtu d'une gandoura blanche, la tête nue. Son visage se couvrit d'une légère sueur, il regarda l'assistance, chassa une mouche de son front et s'en fut. Sa tombe est sur la colline au-dessus de Riyât al-Hammâr. Prenez l'allée centrale, comptez treize cyprès, obliquez à main gauche, vous trouverez la tombe de Mohammed, père de Mahmoud, arrière-grand-père de Ilf. Grand-mère l'y suivit en 1938, toute la famille y dort, paternelle et maternelle.

Ah, ce cimetière de Sid es-Snousi ! Vers le crépuscule des jours d'été, les jeunes gens déposaient sur une tombe une grosse courge creusée de deux yeux et d'une bouche ; ils y plaçaient, la nuit venue, une bougie allumée pour faire croire aux visiteurs atterrés à un diable surgi ! Ah, ce cimetière de Sid es-Snousi ! Il était une fois l'été 1942. La drôle de guerre. Sans voiture pour venir du Maroc, nous prenions le train : la gare, l'allée des mûriers, si pentue qu'à deux reprises elle se trans-forme en escaliers à rampes. En haut à droite, la maison d'une tante. Nous y dormions cousins et cousines sur des peaux de mouton : les garçons d'un côté, les filles de l'autre, mais on respirait le même air !

J'y étais resté seul cet été-là. Je courais des jardins du Hartûn à al-Qal'a. Je passais mes journées dans la maison de Riyât al-Hahmmâr. Dans le patio, un après-midi, s'abattirent des grêlons aussi gros que des billes d'agate, en août ! Des eaux surgies du ciel et de la terre s'accumulèrent derrière le mur du cimetière puis le rompirent. Nous nous sommes précipités sur la terrasse. J'ai entendu le grondement du torrent qui, après avoir empli le grand bassin au-dessus de chez nous, s'engouffrait dans les ruelles. Une vache emportée, une petite fille blonde aux cheveux longs qui tournoie, heurte les murs, se désarticule ; mes deux cousins, le flot jusqu'à la poitrine, sauvant des femmes et des bébés. Dévastés les vergers de Riyât al-Hammâr. L'année suivante, ce fut le typhus, et les morts si nombreux qu'on les déposait dans les allées du cimetière en attendant de les enterrer.

Peu importe, Tlemcen la haute était toujours veillée par ses saintes et ses saints : Lalla Setti sur sa montagne, Sid al-Halwî*, qui vendait des gâteaux sur un plateau de bois, *tbaq*, battait des mains, claquait des doigts avec les enfants, dansait et chantait l'amour divin. Sa tombe est tout près de la voie

ferrée sous un grand caroubier. Le minaret qua-
drangulaire, comme tous ceux du Maroc et
d'Andalousie, oriente le vol des cigognes.

Et surtout, surtout, Sidi Boumediene*, l'ermite
de Cantillana, dans le petit village des Adorants,
al-'Ubbâd. Berger et tisserand, il dormait contre
une gazelle et buvait de son lait dans une grotte du
Zalagh près de Fès. Pour l'écouter, les oiseaux se
suspendaient dans le ciel. Il ne prit du Coran que
ce que peut prendre l'oiseau de la mer dans son
bec et s'arrêta à la 67ᵉ sourate, comme au lotus de
sa limite, de peur d'être brûlé par la splendeur de la
Face. Il fit halte près de Tlemcen, une nuit, sous le
ciel sombre des Almohades* et y mourut.

On quittait la ville par Bâb al-Djiyâd, on arrivait
à son mausolée par un dernier raidillon se glissant
entre deux rangées de cafés maures comme suspendus sur de hautes estrades. Les femmes rajus-
taient leur voile. L'entrée était de marbre blanc
avec des portes de hêtre cloutées, des heurtoirs
ouvragés. Huit marches sur une cour carrée aux
carreaux de faïence bleue, blanc rosé, violet de
manganèse, vert de cuivre, jaune. Quatre colonnes
d'onyx sous des arcades. Au bas de l'escalier à
gauche, un puits et sa margelle de marbre profondément entaillée par la chaîne qui remontait les
seaux. Le catafalque était recouvert de satin vert ;
tout autour des oriflammes offertes par les con-
fréries.

Je voudrais y retourner. Il faut que j'y retourne.
Il faut que j'y retourne. Je me suis réveillé. Les
images de mon rêve se diluent sous mes paupières.
Je ne reconnais plus les visages, les noms
m'échappent, les tombes changent de place et
s'entrouvrent en ricanant. Je cours, je vais de place
en fontaine, j'erre dans des ruelles silencieuses peu-
plées d'ombres voilées de noir qui marchent tête
basse et d'autres en *qâmis* afghan, tête rasée, barbe
au carré. Je cours jusqu'à al-'Ubbâd. Le mausolée
de Sidi Boumediene a été incendié. Je cours. Il
faut que j'arrive à al-Ourit retrouver mon père et
sa mandoline, me jeter dans le lac bleu, rafraîchir
ma fièvre. Il n'y a plus de cascades, plus de déversoirs, plus d'eau. Un barrage les a étranglés. Je
n'entends plus aucune musique. Cheikh al-'Arbî,
Tetma* sont morts depuis longtemps. Cheb Hasni
a été assassiné. Alloula, Sebti, Djaout aussi, comme
Ibn Khâmis jadis. Il faut que je me réveille, que je
chante un dernier *tahwîf* :

> *Tlemcen la haute   qui veilles sur toutes ramures*
> *Tes eaux… ton air…   le voile de tes femmes…*

Il faut que je me réveille…

GLOSSAIRE

Almohades : dynastie d'origine berbère qui régna de 1130 à 1269
   sur le Maghreb et l'Andalousie.

al-'Arbî Bensarî (1883-1965), grand maître de la musique andalouse et algérienne, jouait lui-même du *rebâb* (instrument à
   archet dont la caisse en forme de trapèze est à deux ou trois
   cordes) et de la guitare.

al-Busîrî (1212-1294), né à Alexandrie, auteur de ce poème à la
   louange du Prophète pour avoir été guéri d'une hémiplégie ;
   ses vers sont censés jouir de propriétés surnaturelles.

Ibn Khamîs, poète né à Tlemcen en 1252, assassiné à Grenade en
   1308 ; *Ibn Msâieb*, mort en 1766 ; *Ibn Sahla* (xixᵉ siècle) ; trois
   célèbres poètes tlemcéniens.

Marçais (William) (1872-1956) fut professeur au Collège de
   France de 1927 à 1943. Lui et A. Bel consacrèrent à Tlemcen
   de nombreux travaux.

Sid al-Halwî : Abû 'Abd Allâh, né à Séville, mort à Tlemcen au
   xiiᵉ-xiiiᵉ siècle ; sa mosquée fut construite vers 1353.

Sidi Boumediene : Abû Madian Shu'ayb, né près de Séville en
   1126, mort à Tlemcen en 1197.

Tahwîf : genre de poésie populaire anonyme propre à l'Algérie,
   chantée sur deux phrases mélodiques généralement en poussant l'escarpolette.

Tetma : l'une des plus grandes interprètes de chants andalous.

L'enfant perdu

Albert Bensoussan

Né en 1935, à Alger. Études d'espagnol. Il enseigne à Alger au lycée Bugeaud, en classes préparatoires, puis à l'université de Rennes, en France, où il vit depuis 1963. Il a publié de nombreux livres dont :

Frimaldjézar (Calmann-Lévy, 1976, prix de l'Afrique méditerranéenne).

Au nadir (Flammarion, 1978).

Derniers titres parus :

Une saison à Aigues-les-Bains (Maurice Nadeau, 1993).

L'œil de la sultane (L'Harmattan, 1996).

Le chant silencieux des chouettes (L'Harmattan, 1997).

Le chemin des aqueducs, récit autobiographique (L'Harmattan, 1998).

Pour *Rosh Hashana** — qui est la tête de l'année — il faut manger des jujubes. Ainsi le veut la tradition. « L'*Ada** », dit maman, qui m'entraîne dans la rue de la Lyre, fort animée en cet après-midi d'octobre. Partout des étals contre les murs : un tabouret sur lequel est posé un panier où s'alignent les cornets que tous les Juifs de la ville vont acheter parce que la coutume exige qu'au premier soir du mois de *Tichri** le fruit du jujubier fonde dans la gorge d'Israël (et d'ailleurs mon dictionnaire situe bien le « jujube » juste après la « juiverie », donc !). Ma mère discute pour le principe et elle le fait dans la langue du pays dont je perçois tout juste les « *shral** » et les « *achrène douro** », mais moi je ne comprends pas bien l'arabe et puis je suis si petit et déjà encombré de mots. Elle me confie le cornet de papier journal contenant la

* Les mots ou expressions suivis d'un astérisque sont expliqués dans le glossaire en fin de texte.

douzaine de fruits rouges au goût de datte que je serre d'une main contre ma poitrine, tandis que l'autre me raccorde à la main gauche de maman qui tient le cabas à provisions. Puis nous tournons dans la rue Ben-Acher — ou est-ce la rue Porte-Neuve ? — et nous voilà au cœur de la Casbah, avec la rigole au milieu, toujours grosse de toutes les eaux usées qui dévalent de la citadelle. Les bouchers exhibent leur *bouzelouf**, à peine tranché du corps du mouton et encore saignant. Si l'on ne veut que la cervelle, la tête de mouton est jetée sur un billot, et le crâne fracassé à la hache, puis les doigts crochus extirpent délicatement les deux lobes palpitant de veinules et les enveloppent dans du papier journal. La viande, nous, on ne l'achète que chez Sylvain de Bab-el-Oued, rue Suffren, où le sang n'est jamais jaillissant parce que le rabbin l'interdit. D'ailleurs maman, sitôt rentrée à la maison, passe la viande sous le robinet et la met dans la passoire avec une grosse pincée de sel pour qu'elle finisse de dégorger. Car chez nous c'est *trefa** le sang, c'est par le sang que circule l'âme, autant dire le souffle d'Élohim. Alors est-ce qu'on mange, nous, le bon Dieu comme les Roumis* ?

Les jujubes sont rouges et moelleux, avec un goût sirupeux de datte. « Un seul », dit maman qui me sait gourmand et même goinfre, « parce que c'est pour la fête ». La tête de l'an est marquée par la douceur de bon présage : on trempera aussi des quartiers de pomme dans du miel. Et puis l'on mangera la tête d'un bélier en souvenir du sacrifice d'Isaac, et afin de pouvoir souhaiter pour toute l'année être à la tête et non à la queue. Et puis l'on mangera du poisson en désirant être prolifique et fécond — moi je répétais sans bien comprendre toutes ces paroles de papa. Et jamais, comme à *Pessah** qui rappelle notre esclavage en Égypte, on n'absorbera d'herbes amères ni de mets aigres. Même les noix et les noisettes on n'en mange pas ce soir-là, parce que cela irrite la bouche. Non, il faut de la douceur, du calme et de la confiance. Aussi étais-je confiant en ma sixième année, le nez dans la jupe de maman et lui donnant la main... jusqu'à l'emplette de la volaille. Car Tichri est aussi le mois de pénitence, le prélude des jours redoutables qui culmineront au jeûne (que je ferai peut-être l'an prochain, si je peux) de Kippour*. Le coq tournoiera sur la tête du petit mâle et le préservera de tout dommage l'an durant : le sang du coq sera répandu à ses pieds et le sacrifice sera consommé. Il me l'a tant expliqué, papa, et j'ai tout compris, alors j'avance dans la rue sans nulle crainte, avec pour seul souci de compter les fleurs sur la robe de maman.

Maman tient d'une main le cabas, de l'autre les pattes ligotées d'un coq et d'une poule qui seront sacrifiés, l'un au bénéfice des garçons, l'autre pour le bienfait des filles. « C'est l'*Ada* », répète-t-elle pour esquiver mes questions et elle s'affaire dans les venelles sombres, moi lui tenant la jupe et tâchant de ne pas trébucher sur les pavés disjoints de la descente du marché Randon. Nous revoilà sous les hautes arcades de la Lyre. Maman presse le pas pour rejoindre le tramway vert en accordéon de la place du Cheval. Je trottine derrière elle, main en avant, attentif aux fleurs bleu et blanc de sa jupe que je presse, qui m'échappe et, dans la foule aveuglante, soudain ma main n'étreint que le vide. Je m'immobilise, l'air égaré, dévêtu d'un coup de toute ma confiance dans le monde. Je cherche, pivote, tourne et retourne ma petite main en l'air. Ne voyant plus rien et presque submergé par le flot humain toujours affairé dans cette avenue, que puis-je faire sinon crier ma haine. Alors mes poumons s'enflent et je hurle interminablement : « Man-man... ! »

Ce jour-là d'octobre, et c'était un jeudi puisque je n'étais pas à l'école, en cette veille du début des pénitences, en ma sixième année, j'avais perdu maman. Était-ce ma faute ? étais-je si petit, si étourdi, trop confiant ? Alors de tout mon souffle, de toute ma haine : « Man-man... ! Man-man... ! » Une main se saisit de la mienne et m'entraîna vers une ruelle adjacente. Le vieil homme se pencha, se mit à ma hauteur démenée et hurlante, et d'une voix de chêne m'interrogea en arabe. Je ne savais que dire, je comprenais à peine, mais déjà je

connaissais les paroles essentielles, le sésame. En
refoulant mes larmes sous ses caresses, je ne pouvais
articuler qu'un mot : « *Imma** ! »

Le vieillard prit par la main l'enfant que la mère
avait trahi, dont elle avait dévasté la confiance, et il
marmonna des paroles apaisantes. Il s'agissait de
refaire le parcours. On remonta la rue de la Lyre,
on la redescendit, déjà les jujubes m'écœuraient,
jaillissant des multiples cornets comme le piment
rouge sous le ventre des chiens. Et on la remonta.
« *Ouallou** ! » répétait-il en écartant sa main vide.
Oui, j'étais bel et bien perdu. Je suivis cet homme
chez lui, tout près, dans cette venelle qui redeve-
nait lieu de confiance, la rue du Divan. Où il
m'étendit, en effet, juste à l'entrée sur les nattes du
carrelage, en appelant d'une voix forte : « Fatiha !
Fatiha ! » Alors surgit de derrière un rideau, qui
devait diviser la pièce en deux — et c'était sûrement la cuisine, à cause de la bonne odeur de
semoule et de vapeur —, une jeune fille à peine
plus âgée que moi, ou disons qu'elle avait huit ou
neuf ans, les cheveux noués en une seule tresse
passée au henné, longue jusqu'à l'ourlet du tablier.
Le père expliqua à sa fille les tenants et les aboutis-
sants dans son langage qui m'échappait, mais le
geste des mains mettant en fuite les doigts laissait
clairement entendre la désertion d'Imma. Alors la
fillette s'approcha du gisant encore éploré et elle
lui dit d'une voix de *galbelouze** — c'est ce gâteau

dégoulinant de miel qu'elle m'apporta aussitôt dans le creux de sa main — : « N'a pas peur (ainsi disait-elle dans son langage enfantin), ta manman elle va revenir. » Et puis elle ajouta : « On va jouer. » Elle décrocha une corde du mur et se mit à sauter au milieu du vestibule, et quand elle allait si vite que la corde cinglait le carrelage, il fallait que je l'encourage en criant : « Vinaigre ! vinaigre ! » Et puis en allongeant la corde et en lui faisant tracer dans l'air un ample cercle, elle m'invita de la main en disant : « On entre dans la danse... voilà comme on danse... un-deux-trois et te voilà. » Après quoi elle accélérait la rotation de sa corde en m'obligeant à soulever les talons de plus en plus vite, et derechef il nous fallait crier de concert : « Vinaigre ! vinaigre ! » en nous tordant de rire. Comme nous étions essoufflés, elle me laissa à moitié avachi sur la natte et alla, derrière le rideau, quérir un grand plat rond de faïence où se pressaient *mekrouds**, *zalabias** et les fameux *galbelouzes*, et elle m'invita à m'en barbouiller les lèvres. Tout en mâchant la semoule au miel, je lui disais que maman faisait des *mekrouds* farcis aux dattes et qu'Antoinette, qui habitait place de Chartres dans la basse Casbah, m'en apportait toujours quand elle nous rendait visite. Antoinette c'était la fille d'un général (de la Conquête ?) qui l'avait abandonnée à sa mauresque de mère, et alors en grandissant la fille du général, pour assurer son ordinaire, faisait le ménage dans la bourgeoisie juive. « Alors on mange les mêmes gâteaux, Benyamine ? » — elle avait retenu mon prénom. « Pas les *galbelouzes* », je lui disais, et je me trouvais un peu bête parce que je ne comprenais pas pourquoi je connaissais toutes les pâtisseries arabes sauf celle-là.

Quand la porte s'ouvrit et que mon père se précipita pour me prendre dans ses bras en me couvrant de baisers humides, j'étais incapable de dire l'heure, ni combien de temps s'était écoulé. Tandis que je jouais avec Fatiha, son vieux père — que j'appellerais désormais *Sidi Lardjouz** — avait pu téléphoner à mon père. Je ne me souvenais pas lui avoir dit comment je m'appelais ni où j'habitais, mais c'est vrai qu'on m'avait appris à débiter tout cela d'un trait en cas de nécessité. Fatiha m'embrassa sur la joue et moi je lui remis mon cornet de jujubes. C'est pourquoi ce soir-là de Rosh Hashana, qui est la tête de l'an où l'on doit manger des mets de bon présage, nous n'avons pas goûté le fruit du jujubier. Mais moi, je m'en moquais parce que j'avais eu les lèvres dégoulinant de miel et la bouche moelleuse, et qu'on avait conjuré le malheur, Fatiha et moi, en hurlant « vinaigre ! » dans le cercle excessif du temps.

Après quoi, le jeudi, quand maman mettait sa robe à fleurs et prenait son cabas, je lui donnais la main mais restais réticent sur les courses — encore maintenant, il faut me traîner en ville et je rechigne en parcourant les commerces, et je grogne et trépigne, non, je n'aime pas trop cette précipitation des marchés et la foule —, alors on descendait à l'arrêt du Théâtre, on montait les escaliers derrière jusqu'à la place de la Lyre, puis on descendait sous les arcades jusqu'à la rue du Divan. Là où la porte était tatouée d'une main aux cinq doigts serrés avec un œil étoilé dans la paume, elle me laissait toquer, alors je serrais le poing mais cognais fortement jusqu'à trois fois en m'égosillant : « Vinaigre ! vinaigre ! » C'était le plus souvent Fatiha qui venait ouvrir, ou alors c'était sa mère qui portait un pantalon bouffant et marchait pieds nus sur le carrelage, avec un simple foulard dissimulant ses cheveux. Et parfois Sidi Lardjouz passait par là, riant dans ses moustaches, et il faisait cavaler ses doigts devant ses mains, comme pour me rappeler le jour de notre rencontre. Je me serrais contre lui, et il me caressait le front en murmurant toute une litanie pieuse en arabe. Ma mère me laissait là en bonne compagnie et, après ses courses au marché Randon, elle revenait me chercher. Elle offrait à Fatiha un collier de jasmin ou alors elle nous donnait à chacun un gros beignet dégoulinant d'huile dans son papier journal. Nous, on jouait d'abord à la corde, ensuite à la pâtissière : Fatiha derrière son étal de *galbelouzes* et moi je faisais le client, et puis le gourmand, et enfin le goinfre. Toujours on finissait par l'école, mais c'était Fatiha qui faisait la maîtresse parce qu'elle me gagnait de quelque chose comme deux ans et puis elle était haute, mince comme un jonc, se tenait droite dans son tablier et, contrairement à sa mère, ses pieds nus étaient toujours chaussés de sandales, avec juste un peu de henné sur les ongles. Bien sûr, quelquefois elle jouait aussi à la coiffeuse, à la masseuse de hammam, et alors là, pour peu que chez elle ce fût jour de henné, toute la famille y passait et moi avec, et quand maman revenait me chercher je lui montrais hardiment le louis d'or que Fatiha m'avait dessiné dans le creux de la main. Pour elle, être maîtresse c'était toujours chanter une chanson, avec elle j'ai descendu dans mon jardin pour y cueillir du romarin, avec elle quand Jeanne d'Arc faisait paître ses vaches, je tenais son beau ruban de trois couleurs, avec elle la tour Eiffel avait toujours quatre cents mètres et nous parcourions les beaux chemins de France, une fleur au chapeau, à la bouche une chanson, d'un cœur joyeux et sincère. Quand j'y pense, c'est Fatiha, la fille de ma famille arabe, qui m'a appris le folklore de ce pays où je vis et survis aujourd'hui. Elle était très douée même en calcul, d'un seul coup d'œil, il fallait deviner combien de *galbelouzes*, de *zalabias* et de *mekrouds* il y avait sur le plat en faïence, et si je me trompais, eh bien c'est simple, c'est elle qui en mangeait un de plus. Et gourmand comme j'étais, et même goinfre, à la

longue plus question que je me trompe. Fatiha m'a
appris à lire, à compter, à chanter et à rire. Parce
que j'étais le tout dernier de maman qui se faisait
un peu vieille et qui me perdait dans les rues, et
puis mes sœurs étaient déjà trop grandes pour dai-
gner jouer avec le morveux de six ans que j'étais.
De sept ans, de huit ans, de neuf ans.

Oui, jusqu'à mes neuf ans, et ce jour où Lalla
Zohra est venue à la maison voir ma mère, et elles
ont parlé dans la cuisine en arabe, et moi je ne
comprenais rien. Mais après sa visite, maman ne
m'a plus conduit rue du Divan le jeudi, et c'est
alors — parce que j'étais bien triste — que j'ai
commencé à fréquenter tous les garnements de
l'Alliance israélite, rue Bab-el-Oued, pour apprendre l'hébreu, la religion et me préparer à ma
communion — comme on disait, pour bien dire.
Mais quoi, Fatiha, mon amie, qu'étais-tu devenue ? Personne ne me le dit, ou plutôt on me laissa
entendre qu'elle était partie, qu'elle était malade,
que je ne pouvais plus la voir. Mais ce n'est que
plus tard, très tard, que j'ai compris. À onze ans
passés, Fatiha était devenue une femme et plus
jamais elle ne se montrerait à un garçon à visage
découvert. À elle le voile, la retenue, la réclusion à
la maison. Plus tard, combien j'en ai vu, dans mon
quartier de la rue Danton et de la rue de Mulhouse
où vivaient quelques familles musulmanes, de ces
petites filles qui jouaient dans la rue avec leurs

nattes dans le dos, et sautaient à la corde en criant
— et moi je les accompagnais, même penché sur
ma version latine : « Vinaigre ! vinaigre ! » et je
reprenais dans leurs voix — même suant sur cette
dissertation kantienne : joli coquelicot, madame...
Des filles qui jouaient, mignonnes et glapissantes,
et un beau jour elles disparaissaient et tout au fond
de la rue, en bas, on voyait de frêles et gauches silhouettes enveloppées d'un drap blanc et la voilette
qui cache le nez et la bouche, ne laissant apparaître
que deux yeux noirs qui avaient à jamais perdu
leur malice.

GLOSSAIRE

Achrène douro : arabe dialectal : « cent francs ».

'Ada : mot judéo-arabe signifiant « tradition ».

Bouzelouf : arabe dialectal : « tête de mouton ».

Galbelouze : pâtisserie arabe d'Algérie, à base de farine et de miel.

Imma : « maman », en arabe.

Kippour : jour du Grand Pardon (le 10 du mois de Tichri).

Mekroud : pâtisserie arabe d'Algérie, à base de semoule et de miel
    (et de dattes aussi, parfois).

Ouallou : arabe dialectal : « y'en a plus ».

Pessah : la Pâque hébraïque.

Rosh Hashana : fête juive du premier de l'an. Littéralement « tête
    de l'année ».

Roumis : chrétiens.

Shral : arabe dialectal : « combien ? ».

Sidi Lardjouz : arabe dialectal, littéralement : « Monsieur le Vieux ».

Tichri : nom du premier mois dans le calendrier hébraïque.

Trefa : en hébreu, signifie que c'est interdit par la religion.

Zalabia : gâteau arabe typique, tout nappé de miel.

Pieds nus

Hélène Cixous

Née en 1937, à Oran. Elle dirige le Centre de recherche d'études féminines à l'Université de Paris-VIII, depuis 1974. Elle obtient le prix Médicis pour *Dedans* en 1969. Elle a publié de nombreux livres, romans, essais, pièces de théâtre, dont :

Beethoven à jamais (Des femmes, 1993).

Photos de Racines (avec Mireille Calle-Grüber, Des femmes, 1994).

La ville Parjure ou le Réveil des Érynies (Théâtre du Soleil, 1994).

Derniers titres parus :

La fiancée juive (Des femmes, Antoinette Fouque, 1995).

Messie (Des femmes, Antoinette Fouque, 1996).

Or, les lettres de mon père, (Des femmes, Antoinette Fouque, 1997).

Voiles, Hélène Cixous, Jacques Derrida, (Galilée, 1998).

Oran fut toujours *La Ville*, la Cité Absolue et sacrée, Ortus, le site aux Signes où Alea le Dieu des hasards de mon histoire m'avait déposée pour naître. Minuscule disséminée je poussai devant ses édifices géants le cou tendu infime tordu vers les hauteurs alertée comme un chaton parmi des éléphants. Oran se déplaçait imperceptiblement, colossale, impassible, la peau tellement sèche que j'entendais crisser ses rides et ses ruelles descendantes.

Oran était natale : on ne pouvait pas ne pas être née, ne pas naître de ce nid l'été chauffé à blanc. Le bassin patient et modeste fait pour mettre bas. Le Mont de Vénus s'appelait mystérieusement pour moi Santacrousse, sens ta crousse, on disait que c'était « la montagne », la famille y allait le dimanche comme à une messe romaine, saturnalement, en foulant les chemins tracés par les autres générations, les omelettes serrées étaient aux pommes de terre, sûrement elles descendaient d'omelettes millénaires, et tout au long de l'ascension on répétait les passages devanciers, et l'on renouait plaisamment avec les morts. C'était des maures qui dormaient familièrement tout au long du flanc de la montagne, à peine recouverts d'un pan herbu et sur la tête une jolie mosaïque aux couleurs vives. On marchait entre eux sur eux on s'asseyait avec eux, c'était bon, cet accompagnement hospitalier, jamais plus tard je ne retrouvai cette congénialité paisible, ce partage de la terre, cet acquiescement. Plus tard je rencontrai des cimetières mécontents, tout dressés, sévères, sans merci, empressés à la séparation, hirsutes comme soldats retranchés derrière leurs uniformes graniteux. Plus jamais je n'ai retrouvé mes doux amis maures qui rêvaient en souriant sous leurs masques délicats et frais. C'était bon d'être mort oranais comme j'étais née. Et se retrouver ensemble le chaud mélange familier les siècles les morts les maures les enfants les montants les ascendants les descendants tous dans l'accord comme unis en une naturelle alliance, nous ne faisions que continuer.

Continuer à jouir monter dormir grimper vers le sommet dont je ne sus que des dizaines d'années après avoir quitté mon Ortus généreux qu'il s'appelait : Santa-Cruz et qu'il dressait son nom et son épée sur la tête de ma mère.

Je le sentais les morts m'aimaient. Je le sentais à l'amour de confiance dont je humais les forts parfums dans la montée. Les sentiments puissants se sentent : l'amour, la haine, l'urgence du meurtre, on les reçoit d'abord au visage, ils frappent, on ouvre une porte, on entre, et les corps dans la pièce émettent leurs messages olfactifs. Ils me donnaient le temps, tout le temps. Je n'étais pas tombée du ciel, non. Il y avait très très longtemps que mon apparition était en marche.

Je grimpais où ils avaient grimpé, je suais où ils avaient sué, je posais les pieds nus sur les pierres connues de leurs pieds, je mettais les pas dans les pas d'avant et je remontais jusqu'à la famille de la Création, les marches taillées dans la roche à la taille de mes premiers ancêtres, je devais faire trois pas pour une de leurs enjambées, je claudiquais et sautillais dans l'odeur autoritaire du maquis et des figues de Barbarie. L'odeur originelle : elle pesait sur ma tête comme la main de l'éternité. Âcre-douce relevée des thyms et des résines. Monter aux Planteurs le dimanche à trois ans c'était toujours avoir cinq mille ans autour de soi et les recommencer. Oran n'avait pas rompu avec l'éternité. En grimpant j'ôtais mes sandales et je mettais mes pieds dans les mains des morts, et je caressais l'empreinte de leurs pieds avec les paumes de mes pieds. J'avais été attendue, j'étais arrivée, j'étais le résultat de cette géomancie, je ne doutai jamais de l'antique nécessité de ma naissance. Les pins étaient témoins.

J'habitais 54 rue Philippe, et là c'était une autre affaire. Une rue étroite urinée qui menait paraît-il vers le port par toutes sortes d'insinuations. Elle descendait. J'aimais monter. En la suivant on arrivait jusqu'à l'école des Sœurs, mais je ne le sus pas, et je ne m'en souviens pas. Plus loin elle se jetait dans le quartier de la Marine. J'imaginai le monde des matelots et les gros corps des bateaux, qui s'en allaient, étrangers qu'ils étaient. Depuis la mer qui emportait, remontaient parfois quelques petits personnages humains charmants sous le béret à pompons, messagers des éloignements. Ils faisaient soudain surface en haut de la rue Philippe et surgissant du goulot abordaient la nappe de soleil dru. On en voyait quelques-uns comme des fleurs sur leurs tiges s'égrener sur la Placedarmes. Ils allaient chez ma tante qui tenait un bureau de tabac à l'angle de la Placedarmes et de la rue du Cercle-Militaire. C'était le bureau d'Ali Baba et sur son front était son nom : *Aux Deux Mondes*. Ainsi la boutique était-elle dédiée et moi avec à un univers à deux mondes. Mais jamais je ne sus de façon claire, explicite ni décisive, qui étaient les deux. Le monde était deux. Tous les mondes étaient deux, et il y eut toujours deux pour commencer. Il y avait tant de deux-mondes.

(Un jour je raconterai les marins. C'est par eux que je fus naturellement alliée plus tard à Jean Genet. Les marins étaient une des espèces propres à la rue Philippe. Ils étaient français, c'était des visiteurs étrangers, d'élégants nomades qui faisaient escale chez ma tante pour s'approvisionner en objets merveilleusement raffinés : des galons dont ils décoraient leurs costumes, et des cartes postales roses glacées, des dragées pour les yeux. Car les marins étaient des fiancés qui envoyaient des cœurs roses en forme d'oreilles de Mickey à des fiancées françaises. Le mot fiancé rassemblait tout ce qu'il y avait de doux et de salé parmi les guerres.)

Les autochtones de la rue Philippe étaient en tout point différents des jolis matelots roses et bleus. Venus des grottes et des cavernes ils remontaient lentement (les marins eux surgissaient comme des bulles) encore inséparés de la terre et des pavés, les porteurs d'eau, chargés de leurs outres en peau de chèvre. Un vent emportait les pétales marins. Mais les porteurs d'eau étaient les anciens dieux à deux corps un corps d'homme et un corps de chèvre sans lesquels la Ville n'aurait pas pu vivre, ils nous donnaient à boire depuis la Bible, et lourds fatigués condamnés calmes hérauts de l'eau douce ils s'annonçaient par leur nom lancé las en français dans la sombre rue : « Porteur d'eau ». Par définition voués à la bonté. Des passants les arrêtaient pour acheter un bol d'eau fraîche. (Un jour aussi je dirai l'eau, le besoin, la soif, le verbe désaltérer, ce pays source des sources qu'on n'appelait pas Algérie.) L'envie du bol d'eau

fraîche. L'eau jaillissant de la chèvre en jet promet-
teur. L'eau promesse et accomplissement. L'envie
de l'eau, tu te souviens ? Le goût du sans goût, le
goût pur de l'eau douce, le doux goût sans goût de
la pureté, le goût d'eau douce de la pureté, tu te
souviens.

Dans la rue Philippe, lit étroit où se mêlaient les
eaux humaines et les urines, les flux moléculaires.
Le corps d'Oran composé d'arabe, espagnol, juif,
catholique, militaire, français, n'était pas libre.
J'avais beau l'aimer. C'était un corps politique,
tuméfié, articulations enflammées, un monstre
peuple, les bouches haletantes les langues chargées
de glaviots prêtes à se les cracher au visage, les
genoux boursouflés, les gorges grosses d'arrière-
pensées, à soi-même étranger, étrangers, furieux.
La joie demeurait sur la montagne. En bas ça puait,
cela ne se laissait pas ignorer, cette haine, cette fla-
grance qui éclatait entre tous les deux mondes.

Toute l'histoire du siècle était déjà écrite, la date
sur les murs, sur les places, dans les escaliers était
2000, mais les habitants ne voulaient pas la lire, ils
disaient être en 1940.

C'était en 1941 mon père n'était plus ni médecin ni militaire ni français ni rien. Que nous fus-
sions parias cela obscurément me soulageait,
comme d'être vrais, comme d'être pieds nus sur le
chemin des Planteurs parmi les tombes. Pour survivre mon père se fit pédicure. Je ne sais pas pour-

quoi Vichy qui lui ôtait le soin des corps lui avait cependant abandonné les cors aux pieds. Il officiait dans une cabine d'horloger pas plus grande qu'une horloge sise à côté des Deux Mondes. Enfin nous étions tombés dans le juste : nous ne faisions plus partie des oppresseurs. Il me sembla que le Temps Neuf s'ouvrait devant moi. Je connus la paix des pauvres et l'exultation des hors-la-loi. Sans patrie, sans affreux héritage, avec une poule sur le balcon, nous étions incroyablement heureux comme des sauvages absous de pécher.

Il advint dans la maison une paire de sandales blanches. C'était une dame de la rue des Jardins, sa fille ne les mettait pas, elles étaient neuves. Je saute.

Me voilà dans la rue Philippe, les pieds brillants comme si j'avais le front ceint de lauriers, comme si m'étaient venus des ergots et deux crêtes de coq. Me voilà reine, me voilà empereur, me voilà empoisonnée. De ce pas enivré je vais aller montrer ma gloire à mon père enchaîné dans l'horloge voisine. Car, tous les récits le disent, pour qu'un triomphe soit triomphal il faut qu'il se reflète dans les yeux vert clair du père, je n'avais pas lu les récits mais j'étais déjà dans leur gueule. De péché en péché je me dépêche avide amoureuse, ô mes pieds mes sandales ma beauté.

C'est alors, et je l'entendis ainsi, que retentit sec et omineux, le bruit de marteau du Juge suprême, au milieu de la rue Philippe. Les petits-cireurs (en un seul mot) ne lancent pas leur cri vers les fenêtres comme les porteurs d'eau. Ils ne criaient pas, ils n'appelaient pas. Ils tapaient. Ils frappaient leurs boîtes en bois à petits coups secs avec les têtes des brosses. La boîte rendait un son têtu, impératif. C'est qu'elle s'adressait à des pieds vêtus de souliers malpropres et bêtes comme des moutons. La boîte aboyait : ici ! Et le soulier obéit, nez baissé. Viens ici ! Couché ! Stop ! Ici ! L'ordre m'atteignit. Je fus frappée d'obéissance. Mais pourquoi ? C'est que sans l'avoir voulu j'avais lu tout le livre écrit d'avance sur les murs, et je ne pouvais plus jamais faire comme si je ne savais pas ce qui devait arriver et ce qui arriverait. Et je n'étais pas la seule. Le petit garçon qui jouait le rôle du petit-cireur dans cette pièce pour enfants, et je n'avais pas cinq ans et il n'avait pas sept ans, répétait déjà le rôle qu'il jouerait quand on donnerait la Fin des Deux Mondes. Je savais. Mais j'étais trop jeune pour croire qu'un enfant de cinq ans peut avoir lu tout le Livre et je n'osais pas me croire.

Soudain je fus une femme adulte et je me hâtai de cacher cette énorme inconvenance même à mes propres yeux. Je fis résolument semblant d'être la petite fille qu'il m'était ordonné d'être. À nouveau j'étais envahie par le sentiment de la honte qui accompagne nos mensonges. Et c'est cette honte qui est le signe de notre enfance. Car les enfants s'efforcent douloureusement d'imiter « l'enfant » qu'ils ne sont jamais et n'y parvenant pas ils simulent et s'emploient à dissimuler leur imposture.

Je vis le visage du faux petit-cireur, et dans ses yeux le scintillement je le reconnus : c'était la convoitise de la haine, la première lueur du désir.

En tremblant je mis mon pied sur la boîte comme un violent coup de brosse me l'ordonna. J'avouai. J'étais coupable. Devant son tribunal à lui, l'acquittement dont je jouissais à mes yeux depuis Vichy n'avait aucune valeur. J'habitais rue Philippe au deuxième étage et j'avais des sandales données à l'état neuf. J'avouai.

Nous savions tout. J'aurais pu m'enfuir. Je ne pouvais pas m'enfuir. Si j'avais été innocente j'aurais crié, je me serais enfuie. J'aurais pu dénoncer sa haine, démasquer l'homme qui faisait semblant d'être un petit-cireur de six ans. Je ne pouvais pas l'accuser sans m'accuser. D'où venait que je reconnaissais si bien le scintillement ? Je n'étais pas innocente. Je savais. Mais comment pouvais-je accuser un enfant de six ans d'avoir envie d'assassiner ? Je m'accusais d'abriter une pareille pensée. C'était le printemps rue Philippe ; et moi je frappais l'enfant à genoux sur le pavé ?

Avec angoisse mais sans étonnement, je restai, muette, parce que je ne pouvais pas lui demander : pourquoi me hais-tu ?

Ce que je ne savais pas c'était la forme que prendrait le coup.

Alors le petit-cireur sortit une de ses boîtes de cirage, l'ouvrit, frotta sa brosse sur la pommade rouge vif et enduisit ma sandale blanche d'une grasse couche de sang épais. Je fus convulsée d'horreur. Je souffrais terriblement d'une blessure. Ah, ça non ! Le rouge réveilla en moi la révolte.

Enfin je pouvais prendre mon parti. Comme si mes sandales étaient de chair. Et je ne me laisserais pas couper l'autre main. Cependant je n'étais pas capable de mesurer la dimension de l'ennemi. Dans un corps à corps, ne lui serait-il pas facile de me mutiler toute en rouge ? Je choisis la ruse. Je me fis infantile, distinguée. Je lui dis que je devais rentrer chez moi chercher l'argent pour le payer. Je me dégageai du piège, et je m'éloignai d'un pas digne, le pied rouge comme un cri, du sang sur l'âme pour l'éternité.

VIRIDIANA
MON AMOUR

Annie Cohen

Née à Sidi-Bel-Abbès, en Algérie. Elle vit à Paris. Elle a publié plusieurs livres aux Éditions des femmes ainsi que — chez d'autres éditeurs — des ouvrages où sont rassemblés textes et dessins. Derniers titres parus :

Histoire d'un portrait (Actes Sud, 1992).

L'homme au costume blanc (Actes Sud, 1994).

Le marabout de Blida (Actes Sud, 1996, Grand Prix Thyde Monnier de la Société des gens de Lettres, prix Tropiques).

Bésame mucho (Collection Haute Enfance, Gallimard, 1998).

La dure-mère (Collection Haute Enfance, Gallimard, 2001).

La langue blanche des rouleaux d'écriture (Éditions du Rocher, 2002).

Les cahiers bleus (Éditions du Rocher, 2004).

- So many beautiful words!
- les thèms de: la table
- dreams (les rêves)   les femmes du
- loss (la perdu)   ménage
                       les mots (patterns,
                       meaning, sound)

Pour distraire ma mère de ses obsessions médicales, pour casser son système de plaintes, pour la taquiner aussi, peut-être pour l'attendrir et, disons-le, pour lui soutirer quelques biffetons, des pesetas (quelle honte, à mon âge), pour rester encore la petite fille à sa mère, pauvre et malheureuse dans ce monde obscène d'adultes et de méchants, pour régresser plus encore, au-delà de ce qui est permis et pour ne pas perdre la main, je lui disais donc, au téléphone, je lui disais, si ça continue comme ça dans cette France pourrie et dégradée, si ça continue, pour gagner ma vie, je vais aller faire des ménages... ben oui... pourquoi pas... femme de ménage... chez les gros richards bourrés aux as... *why not*... je sais ranger les placards, laver les portes, les vitres, récurer l'évier, frotter les carrelages, passer l'aspirateur, le plumeau, les têtes-de-loup, changer les taies d'oreiller, les draps, lustrer l'argenterie, cirer les meubles, secouer les tapis, je sais tout faire dans une maison !

À peu près tout ! Sauf raccommoder les chaus-
settes, remplacer une fermeture Éclair, cuisiner,
mais le reste, tout le reste, y a de quoi s'occuper,
vider les poubelles, les cendriers, dépoussiérer les
livres, jeter les vieux journaux, repasser. Y a pas de
sots métiers, qu'en penses-tu ? On ne va pas commencer à faire la fine bouche ! Au téléphone,
silence, plus que silence. Je ne savais pas le mal
qui allait s'ensuivre ni la tournure malheureuse
qu'allaient prendre mes provocations. Aucun billet
de banque à l'horizon, aucune pièce de monnaie,
et moi, pauvre saleté, je roulais ma mère dans la
farine pour expurger une sorte de bile qui me
remontait parfois quand les histoires d'argent se
mettaient à faire des histoires. Mais déjà je pensais à
autre chose ! Et je me voyais vendre des bibelots,
des meubles aux puces de Vanves ou des caca-
houètes à Belleville, des verres d'orgeat sur les
plages du Sud-Ouest ou des cornets de glace sur les
places ombragées du Midi, on ne va pas se canton-
ner dans son petit pré carré ! Je me voyais coursier
(au masculin, ça n'existe pas autrement), à Paris,
sur ma vieille mobylette orange toute rouillée,
transportant plis, lettres et colis d'un endroit à
l'autre de la capitale et de la banlieue, ou bien
tireuse de cartes à domicile, dans des salons, à la
maison, n'importe où, dans des chambres d'hôtel,
peu importe, la bonne aventure... Hélas, trois fois
hélas, c'est la solution femme de ménage qui fit des

petits et qui retint l'attention de ma mère, on peut le dire ainsi, et c'est mon père qui en fut « mortellement atteint ».

Chez nous, chez eux, chez nous (allons-y), on n'a pas peur des mots, on joue avec eux plus qu'avec le feu (c'est une maladie connue, sans nom, mais bien connue), on ne sait pas comment on les dit ni où ça peut nous mener mais on y va gaiement, tête la première, tête baissée, on verra bien, pas la peine de prendre des précautions, la bouche est toujours en avance sur la pensée, il sera toujours temps de réparer les dégâts, on a toujours procédé de la sorte, c'est pas aujourd'hui qu'on va prendre des gants ni qu'on va s'amuser à jouer les esthètes, y a pas de raison de s'écarter de la ligne ni de faire autrement. Le volcan ne s'éteint jamais par l'opération du Saint-Esprit, pas plus que je ne peux contenir mon père quand la rage ou la déception lui ravage l'œsophage, pas plus que je ne peux m'expliquer tous ces détours pour occuper ma mère à penser à autre chose qu'à son pauvre corps endolori, meurtri plus qu'il ne faut, ni toutes ces manières pour lui demander d'être encore ma mère et de s'occuper de mes fesses. Lamentables menaces pour dire autrement mes sordides impuissances. Conclusion des conclusions, et pour me défendre de les avoir fait souffrir, une fois de plus... depuis... je ne compte plus... je serai punie... un jour... par le bon Dieu... conclusion des conclusions des conclusions : c'est l'amour de nos femmes de ménage qui m'est remonté d'un coup, et Dieu sait que nous l'avons partagé, cet amour, au passé et au présent, au propre et au figuré. Au propre.

Voilà comment une boutade, une plaisanterie, un caprice, une blague, une taquinerie, une bêtise, une bagatelle, un canular, une moquerie (tout ça pour mon père), un quolibet (de mauvais goût), un bobard, une galéjade, une bourde, une boulette me ramène à ce qui nous était si cher en Algérie, puis en France : les femmes de ménage. Au point que je ne voudrais pas finir mes jours sans l'avoir été moi-même...

Faudrait élever un monument à elles toutes réunies, que dis-je, à chacune d'entre elles ! Faudrait laisser ouverte la liste de celles qui avaient le droit de rentrer dans la maison et de partager avec nous plus que le pain, le bain, le service, les pots de confiture, les gâteaux au miel, les bassines de semoule, les plats de tomates farcies, les concombres dégorgés dans le sel, les tafinas, les baquets de linge, les balcons, les quatre-heures, les pantoufles, les pyjamas (elles dormaient à la maison), les parties de cartes, ENFIN ET SURTOUT, quand les parents avaient tourné les talons, c'est-à-dire tous les jours, sauf samedi, dimanche et jours fériés, après le repas du midi, sur la table de la salle à manger, une fois que tout était rangé ou peut-être pas, je ne m'en souviens plus, la belote, aucun

autre jeu, sérieux comme des papes, tous rideaux
tirés, au moment de la sieste, à taper le carton,
frères et sœur réunis autour de Gisia ou d'une
autre. On ne jouait pas d'argent mais j'ai gardé
pour les jeux de cartes un goût d'amour clandestin.
Ça me rappelle la fin du film de Buñuel, *Viridiana*,
premier au hit-parade de mes films, à cause, à
cause... à cause de la partie de cartes, quand, au
bout du compte, la Belle finit par accepter d'enga-
ger la partie, faute d'avoir pu s'en tenir aux amours
platoniques et mystiques. Les pauvres aux bouches
édentées, aux ongles sales, vêtus de guenilles, pieds
nus, cheveux gras, avaient tiré sur les nappes, ren-
versé les tables, cassé les verres, et la toute pure
s'était mise à marcher sur les mains. Viridiana de la
vérité, Viridiana de mon cœur. Viridiana de la
porte ouverte sur la vie et le jeu. Viridiana de la vie
est un jeu.

Toc, toc, toc ! Rue Prudon déjà, à Bel-Abbès,
Barka, la première entre toutes, immense et grosse,
vêtue de tissus vifs et colorés, la paume des mains
et la plante des pieds tachées de henné, nous aidait
à marcher mieux, à marcher droit, elle venait dans
l'univers des cuisines renforcer nos corps pas
encore habitués à se dépatouiller. On traînait dans
ses pattes, on montait sur son dos, on tripotait ses
nattes, on regardait sous sa jupe pour voir si c'était
comme nous, c'était comme nous, malgré les
jupons superposés les uns sur les autres. Avec elle
on apprenait des mots en arabe sans savoir que les

langues pouvaient diviser les hommes, sans savoir non plus que ceux qui font le ménage sont plus pauvres que ceux qui les emploient. Qui dit ça ? On voyait bien que nos mères et nos grands-mères ne s'asseyaient jamais et travaillaient tout autant. Plus tard, avec d'autres, on aurait fait le travail à leur place pour jouer aux cartes, plus vite et davantage.

Toc, toc, toc ! Qui est là ? Entrez ! Gisia, Teresa, Maria, Milouda !

On les aidait à ranger, à nettoyer, dans le détail et grosso modo, on participait aux grands travaux, expéditions d'envergure : lavage des tapis et autres réjouissances annuelles, sur les terrasses des immeubles, les pieds dans les cristaux de soude, bref, on astiquait, on astiquait, jusque dans les coins des coins, retournant la maison de fond en comble, espérant ainsi revivre le commencement du monde. Les petites mains des filles étaient toujours les bienvenues, au cas où le bon Dieu ne nous aurait pas donné le goût de ces choses-là... Pas question de rester sans rien faire, de se tourner les pouces ou de s'amuser avec ses jouets quand sonnait l'heure du ménage, autrement dit vingt-quatre heures sur vingt-quatre ou presque, puisque la propreté, comme chacun sait, et l'ordre, sont toujours menacés.

Barka, dans la cuisine sombre et fraîche, trônait comme une reine, par terre la plupart du temps, à

éplucher des tonnes de poivrons verts ou rouges
qu'elle faisait ensuite sécher sur des planches en
bois, à l'abri des mouches et des bestioles, sous un
torchon. Tant de choses étaient à l'abri ! Ce qui
fait qu'une cuisine de chez nous se reconnaissait à
mille lieues à la ronde ; aucun aliment dans les cas-
seroles ni de restes visibles, à découvert, dans des
assiettes, sur la table ou ailleurs ni de petites cuil-
lères, de tasses à café dans un coin de l'évier.
L'égouttoir lui-même était nickel, sans rien qui
sèche, qui traîne à l'intérieur, égouttoir presque
inutile où la vaisselle ne faisait que passer du robinet au placard. Fenêtres fermées, rideaux tirés,
portes verrouillées, torchons étendus sur les gazi-
nières, chaises rangées sous les tables, tabourets
empilés les uns sur les autres, contre les murs,
bocaux d'épices et de coriandre bien alignés sur
des étagères garnies de tissu à carreaux rouges et
blancs (nettoyées régulièrement, que dis-je, sur-
veillées quotidiennement), le tout flytoxé. Ni vu
ni connu.

Pour retrouver au plus vite l'ambiance tamisée,
religieuse, de la partie de cartes dans une maison
silencieuse, nous, les enfants, on aurait fait n'importe quoi, y compris passer la serpillière, nettoyer
les cabinets, la baignoire, le lavabo, le bidet,
balayer les balcons, étendre ou plier le linge, à la
chaîne, sans rechigner, sans se plaindre, sachant
que le tapis de jeu et la bagarre des annonces nous

attendaient, carré d'as ou tierce à l'atout. Gisia ne cherchait jamais à imiter les grandes personnes en nous grondant ou en nous expliquant comment jouer mieux. Vite, vite, on passait l'éponge sur les tables avant de donner le dernier coup de balai, on fermait les couvercles des poubelles avant le tour de clef à la porte du débarras, puis on séchait l'évier avec un chiffon bien sec pour terminer en BEAUTÉ. (Sans trace de goutte d'eau, l'émail presque brillant engageait au silence et à la concentration pour ne pas dire qu'il faisait penser à la mort.) La partie de cartes était inconcevable dans une maison en bordel, pourquoi, JE N'EN SAIS RIEN, Viridiana de mon cœur en désordre, Viridiana qui a tout appris par le désordre. Dans la cuisine ou ailleurs rien ne laissait à désirer... au cas où... au cas où les parents rappliquent en douce — ça n'arrivait jamais. Le jeu de belote et les jetons, préparés par l'un d'entre nous, trônaient sur une table recouverte d'une nappe ; maintenant je me souviens de la scène.

Je nous revois plutôt dans le couloir, assis autour d'une table de fortune, portes des chambres fermées, avec pour seule lumière celle qui arrivait de la fenêtre de la salle de bains qui donnait sur le port d'Alger, orientation nord-est. Était-ce une table de jeux, de bridge, de camping (on n'en faisait pas), la table pliante, rouillée, qui servait aux pique-niques du dimanche dans la forêt de Sidi-Ferruch ? Tou-

jours est-il que l'on jouait à la belote simple, sans
même savoir que la belote bridgée existait, des
après-midi entiers. Silencieux, graves, pénétrés,
comme si l'avenir en dépendait. (Il en dépendait.)
Aucun d'entre nous ne cherchait à proposer
d'autres jeux, d'autres distractions ni ne gaffait le
soir devant les parents. Du moment qu'ils n'étaient
pas là, la vie nous appartenait, la vie, la maison, les
tables, les balcons, les placards, les pots de confiture, les carrés de chocolat. On savait la corrida
que leur présence imposait et la patience qu'il nous
fallait ensuite pour attendre de pouvoir respirer
tranquilles, autour d'une table de jeux et ailleurs.
On a toujours mieux évolué dans leur dos, entre
nous, sans eux, c'est un fait objectif, historique,
policier, une réalité incontestable, d'autant que les
traces de nos occupations s'effaçaient comme un
rien. Là aussi, ni vu ni connu. Combien de motus
et bouches cousues, d'aisances enfantines, de parties gagnées ou perdues, de lessives secrètes, de
jetons comptabilisés, de participations au ménage,
d'adversaires capot.

Atout cœur, je prends, et j'annonce un cinquante à l'as.

Voilà comment on devient une professionnelle
du carton, une adepte de la divination, une fanatique du silence. Sous la table, les constructions
imaginaires. Voilà comment une femme de
ménage peut tout à la fois vous donner le goût de

l'ordre et du jeu, du partage et de la compétition, de l'illégalité et de la transgression. On aurait pu chier dans leurs bottes, dévaliser la maison, dépareiller les services en argent de la ménagère de mariage, rafler les billets de banque, vider le frigo, casser les bocaux de confiture sur les carrelages, s'enfiler toutes les sucreries en réserve bien rangées dans le placard, arroser les plantes de pastis, on aurait pu comme les malheureux de ma belle Viridiana monter sur les tables, s'accrocher aux lustres et montrer nos culs, inviter des inconnus et grimper, debout, chaussés de godasses, sur leur lit nuptial, fumer sur les édredons et s'enivrer par terre sur les tapis, on aurait pu jeter les verres en cristal contre les murs, organiser un cambriolage en règle et se foutre pour la vie des salopards qui font la loi. Oui, oui, on aurait pu, tout ça et plus encore. Barbouiller les portes, crever les oreillers et répandre, dans les escaliers, le duvet libéré, brûler les papiers militaires, en faire des torches de feu. Donner les pierres précieuses maternelles aux plus pauvres, casser les talons aiguilles en déambulant dans les escaliers, distribuer les dentelles et les sous-vêtements, se débarrasser de toutes les vieilleries familiales ramenées de leurs tribus respectives et retourner sur nos têtes leur bassine en cuivre. Mais non, mais non ! On n'a rien fait de tout ça ! Gisia venait de distribuer les cartes pendant que son partenaire, mon frère, rangeait bien gentiment son jeu ; elle était rousse, auburn, pas henné, cheveux frisés, coupés courts, fardée, bien habillée, moitié arabe, moitié française, je le crois, je n'en suis pas sûre, coquette, jupe étroite et chaussures à talons. Elle vivait non loin de chez nous, dans une petite chambre, au rez-de-chaussée d'un immeuble de la rue Hoche, maritalement (aujourd'hui on dirait ça, à l'époque on ne disait même pas à la colle, encore moins en concubinage ou en union libre, une pute, on disait peut-être une pute, une dévergon-dée, une salope d'autant qu'il était arabe ou pas loin, italien ou maltais, peut-être bien kabyle, en tous les cas, trapu et discret). On savait ça par la bande, par les confidences qu'elle devait faire à ma mère dans la cuisine en retirant la peau des tomates ou en séchant la vaisselle-qui-ne-devait-pas-égout-ter ou en épluchant encore des poivrons. Nous, on allait et on venait, comme si de rien n'était, rame-nant de la salle à manger les bricoles quotidiennes, nécessaires à chaque repas, ramassant au passage quelques bribes d'une histoire qui semblait problé-matique. Fallait surtout pas que ça dépasse les murs de l'antre culinaire et que mon père puisse imagi-ner la vie de patachon de notre partenaire préfé-rée ; avec lui, fallait pas s'écarter d'un certain cadre, forcément rigide, moyennant quoi on rêvait de mettre le feu à la baraque et de se tirer.

Aujourd'hui ma mère attend, dans une chambre d'hôpital, que le corps s'apaise, et moi je rêve de la voir s'activer dans la maison avec ces femmes étrangères à la famille, sur les escabeaux ou à quatre pattes, je rêve de la voir s'en prendre au désordre, oui, faire avec les autres, avec une autre, tout son possible pour dominer le bordel, le chaos. Nettoyer encore et encore. Rincer, savonner. Elle attend, silencieuse, couchée dans son lit, pendant que moi je range la chaise sous la table ou que je change l'eau des fleurs et lave ses mouchoirs. Avant de la quitter, je laisse une chambre toute propre, bien rangée, la bouteille d'eau sur la table de nuit, la robe de chambre dans l'armoire sur un cintre, la sonnette et le téléphone à portée de main, j'entends des cris qui traversent la porte, des cris plus que des plaintes, elle me regarde, sur un panneau en bois j'ai épinglé quelques photographies, un dessin d'enfant, le vernis rouge que j'ai passé sur ses ongles ne s'est pas encore détérioré. Je rêve d'une maison en chantier et d'un nettoyage de Pâque fait dans les règles de l'art. Tout ça, c'est terminé. *Terminares*. Ses yeux sont fatigués, je sais qu'elle ne voit plus la crasse dans les lavabos et que l'intérieur des armoires ne la concerne plus. Pourquoi ? Parce que. Un de ses mouchoirs a disparu de la circulation, il n'est ni au fond du lit ni sous le lit ni dans la salle de bains. Il a disparu, ni plus ni moins. Quelque chose en elle croit qu'il lui a été volé. Je cherche partout. Je défais le lit. Je soulève le matelas. Je fouille dans les poches de sa robe de chambre, dans les miennes. Petit mouchoir de la maison, foutu, broyé, confondu, petit bout de tissu familier à jamais perdu. Sans doute est-il parti avec les vieux draps, lui dis-je. J'imagine qu'elle souffre de savoir qu'il est devenu anonyme, comme abandonné. Je ferai tout pour le retrouver. Je serai capable d'aller fouiller dans les buanderies, de soulever les draps souillés des autres. Mais on s'en fout ! Je vois bien qu'elle vit cette perte comme un accroc irréparable. Je range encore. Ici, aucun coin ni recoin, aucun tapis, aucun napperon, sous lequel il aurait pu se glisser. Le temps est venu de fermer les volets.

Hammam

Roger Dadoun

Né à Oran. Études de philosophie, lettres, psychologie. Journaliste à *Alger soir*, *Oran républicain*, *Fraternité*. Vit en France depuis 1948. Professeur de littérature comparée à l'Université de Paris VII-Jussieu. Il dirige la collection Traces chez Payot et la revue *L'Arc*. Il a fait partie du comité de rédaction de *La Quinzaine littéraire* et des *Temps modernes*. Il a publié des essais sur Freud, Péguy, et des recueils de poèmes. Il collabore à diverses revues et au *Panorama* de France-Culture. Derniers titres parus :

Les Dits d'Éros (poèmes, via Valeriano, 1994).

La psychanalyse politique (Que sais-je ? P.U.F., 1995).

Allah recherche l'autan perdu (Baleine, 1996).

Duchamp, Ce Mécano qui Met à Nu (Hachette, 1996).

Poèmes en forme de nœuds (Livre d'Art, 1998).

Certains vendredis d'été, tandis qu'Oran titubait assommée de soleil, Shem[1] passait de pénombre en pénombre — jusqu'à ce que, le soir venu, pénétrant dans la synagogue, il baigne dans les flux de lumières et de prières que couronnait dans l'allégresse le *Yrdal Elohim Haï*[2].

Le matin, il accompagnait Makammi au marché afin de l'aider à rapporter les deux grands couffins bourrés de victuailles pour les festins sabbatiques. Il insistait. « Mais tu es maigre comme un sloughi », disait Makammi, la mère — alors lui, dressant son poing fermé, exhibait aux regards des tout-petits,

1 Deux « chroniques » de Shem ont déjà paru : « Petite fête mauresque » in *Corps écrit*, « L'Arabie heureuse », n° 31, P.U.F., sept. 1989 ; et « Shem, chroniques oranaises », in *Sud*, « Algérie, l'exil intérieur », 1995.
2 Cantique final de la cérémonie du vendredi soir, veille du shabbat, dont le rythme joyeux accompagne les fidèles à la sortie du temple.

frère, sœurs et voisins, les cordes saillantes et dures, quoique grêles, de ses naissants biceps.

Les barres du soleil se glissaient tôt, malgré son étroitesse, dans la longue rue des Juifs, multicolore et criarde. Les étalages serrés de fruits et légumes, les sacs d'épices, les barils de conserve débordaient largement sur la chaussée et la transformaient en une piste périlleuse où les empoignades verbales fusaient comme des bulles pour crever aussitôt, faire *tchoufa*. Agressé par tant de bigarrures, l'œil trouvait un peu de répit à contempler quelques larges étals de couleurs uniformes : le vert humide des herbes — menthe fraîche, persil, coriandre ; et l'or des pâtisseries gorgées de miel ; et l'argent glaireux et vif des cageots de poissons. Dans ce parcours heurté et tumultueux, des boutiques d'allure cossue formaient des havres d'ombres, cavernes profondes aux capiteux effluves. La grande épicerie Cohen avait l'aspect d'un capharnaüm, avec ses gros sacs de jute aux lèvres retroussées comme prêts à vomir leurs charges de haricots noirs, rouges ou blancs, de pois chiches, fèves et lentilles, ses caisses de bois et ses cartons aux boîtes empilées affichant des étiquettes fabuleuses, ses bidons de fer-blanc et bocaux de verre dont les reflets tortus faisaient loucher vers la gamme éclectique des conserves en saumure — olives en tous genres, cornichons, lupins ou *tramous*, piments, variantes...

Mais dans la réception rapide des commandes, l'alerte enchaînement des opérations, le geste scribe d'un des fils Cohen inscrivant les prix sur un petit carnet avec un crayon coincé aussi sec derrière l'oreille, et le moment sacré du règlement marqué par le froissement tortueux des billets et le sonnant trébuchement des pièces, Shem avait le sentiment qu'en ce temple d'abondance s'épandait, des dégagements obscurs du très haut plafond, un ordre souverain.

Chez le boucher, la station durait plus longtemps. Makammi s'attardait à examiner avec soin les différents quartiers de viande — « on touche pas, s'il vous plaît, Madame », l'admonestait le boucher. Elle s'efforçait de calculer au plus juste le prix que coûterait tel ou tel morceau ; puis ayant décidé, elle exigeait que les pièces sélectionnées et pesées soient nettoyées et découpées selon ses strictes instructions. Shem la harcelait pour qu'elle se fasse donner, outre les habituels os à moelle, un certain bloc osseux du pied d'où il pourrait détacher le rare et bel osselet d'ivoire qui était la gloire des jeux avec ses quatre faces bien codées et hiérarchisées : le S, le plat, le dos, le creux. Pour avoir la paix, Makammi l'envoyait chez le marchand de beignets qui tenait comptoir juste en face. C'était une annexe de l'épicerie Cohen, réservée à la vente du lait, du beurre, du fromage frais et du

petit-lait ou *lbenn* — commerce laitier qui expliquait l'appellation « *Chez Sollé* » attachée à
l'humble comptoir. Mais son prestige, illustré par
le permanent attroupement de clients qui se pressaient au seuil de ce qui n'était rien de plus qu'un
antre obscur, le commerçant le devait à l'incompa-
rable qualité des beignets dont il s'était fait une
spécialité. Shem ne se lassait pas de contempler les
gestes virtuoses du gras et luisant Monsieur Sollé
officiant en blouse blanche dans la quiète pénombre que tricotaient les langues de feu fugaces
ou furieuses du fourneau formidable. Muni d'une
longue tige de métal, Sollé guidait la cohue
ardente des anneaux de pâte, qu'avec maestria il
balançait de très haut dans l'huile fumante, vers
l'exacte cuisson qu'attestait le doré lumineux de la
croûte — merveilleux eldorado. Telle était la
magie Sollé dont, aux côtés de Shem, venait se
pourlécher, pause chaleureuse au long cours de la
matinée, toute une population du marché, jeunes
et vieux, Juifs, Arabes et Espagnols, voyous et
notables : sous la pellicule finement croustillante,
où une mémoire d'huile, après le juste purgatoire
dans l'égouttoir, résistait à la caresse ineffable du
miel, la chair intérieure du beignet, subtil équilibre
de cru et de cuit, livrait sa moelleuse et élastique
blancheur toute gorgée d'intimes vapeurs.

Dans la salle à manger qu'aucun rayon de soleil ne visitait, ce pourquoi le lustre demeurait presque toujours allumé, Shem aide Makammi à préparer les divers plats du shabbat. Sur le rebord de la grande table carrée, il pose et fixe solidement le lourd hachoir de métal. Il y enfourne les morceaux de viande, prenant bien soin d'en détacher ici une vicieuse esquille, là un trop gros bout de gras. Il tourne la manivelle d'un geste régulier, crispé de toutes ses forces sur le manche, tout en surveillant d'un regard oblique les rotations des lames tranchantes qui broient et brassent dans une sinusoïde implacable les chairs gémissantes. Ainsi hachée et agglutinée à divers ingrédients — persil, œufs, chapelure, jus de citron, herbes et épices —, la viande est malaxée à pleines mains par Makammi pour former une belle boule rouge sombre, opulente matrice d'où Shem extrait de petites parcelles, qu'il pétrit et roule entre ses paumes, pour les aligner, préalablement aplaties, sur une planche de bois ; ces classiques boulettes seront consommées le soir même, après avoir mijoté de longues heures sur un *kanoun* à feu doux, au-dessus des haricots verts, des petits pois ou des pois chiches. Shem modèle aussi de petites boulettes bien rondes, semblables à de grosses billes en terre, qui baigneront dans une sauce au citron et au safran, et qui seront servies, réchauffées, le samedi soir. Entre-temps, Makammi s'est attelée à la confection d'un énorme pâté, une farce de viande très épicée dont elle bourre une poche d'intestin : c'est le *koklo*, qui va trôner, seigneurial, dans la marmite de la *tafina*, au milieu des pois chiches, des haricots secs ou des petites pâtes en forme de grains de blé appelées *douêda*, avec une luxueuse garniture d'os à moelle, de morceaux de jarret, gîte-gîte et macreuse, voisinant parfois avec une belle pièce d'agneau ou de veau, et les légumes traditionnels du pot-au-feu, carottes, navets, pommes de terre, tomates courtisant un chou royal. La *tafina* sera, en fin de journée, apportée au four, et confiée à la gestion diligente d'un Arabe, délégué à la maîtrise du feu pour le jour du shabbat ; elle cuira à feu très doux toute la nuit et toute la matinée du samedi avant d'être récupérée — mais ô malheur, ô domestique déploration quand un feu trop vif nous la rendait carbonisée ! — pour le repas grandiose, sur nappe blanche, de midi.

La préparation des viandes requérait la toile cirée qui couvre la table de la salle à manger. Makammi la retire pour, sur le bois dur nu saupoudré de farine, travailler et modeler les pâtes pour le pain et les gâteaux. Les longs pains traditionnels, les « pains juifs », elle les confectionne elle-même, les enjolivant tantôt de découpes variées et recouvertes de graines d'anis, de cumin ou de pavot, tantôt de torsades ou de serpentins de pâte enduits de jaune d'œuf : c'est joli, c'est sûr, mais cela permet surtout de les identifier au moment du défournement et de la reprise. Il plaît à Shem de confectionner les *mahroccas* ; il appuie avec force sur le rouleau de bois, la *hallala*, de manière à étaler largement la pâte et obtenir une galette bien ronde et bien plate ; il dessine au couteau de grands losanges — élégante géométrie prédécoupant les parts d'une future distribution, mais précieuse aussi pour retenir en de fines rigoles l'huile étalée à la main sur toute la surface ; couverte de sucre cristallisé et posée sur une plaque métallique, la *mahrocca* sera emportée, avec d'autres plateaux, au cours d'une procession familiale dans la rue — et périlleux, désastreux parfois, le tangage des longs plateaux de métal mou aux charges mal calculées — vers le four d'une boulangerie voisine.

Toutes occasions sont bonnes — fêtes, visites, envies tout simplement — pour adjoindre, aux pains, des pâtisseries. À l'exception des *makrods*, à la semoule et au miel, et des « cigares », aux amandes et au miel, réservés aux grands événements religieux ou familiaux, et cuits à l'huile à la maison, Makammi s'en tient, pour le shabbat courant, à ses recettes habituelles : les *glessatz*, gâteaux larges, dodus et secs, garnis d'amandes et de raisins secs ; les *tornos*, petits gâteaux plats et plutôt craquants, moulés en trèfles, carreaux, cœurs et piques ; et les *montecaos*, sablés succulents mais si gorgés d'huile et de sucre et si fondants en bouche qu'ils sont propices aux excès et régurgitations.

La matinée a été laborieuse. Aussi, dès que Juddaléon arrive du « magasin » — sa boutique de cordonnier — pour déjeuner, le repas est vite expédié : côtelettes de mouton ou sardines fraîches, grillées sur un *kanoun* dont Shem entretient, d'un souffle calculé pour déjouer flammes ou fumées, les braises. Ce jour, une certaine fébrilité règne dans toute la maisonnée : Juddaléon a fait savoir qu'avant d'aller au hammam, il allait « faire la poix ». Il se rend comme de coutume au café Benayoun pour sa partie de jacquet. À l'heure convenue, Shem vient le chercher, en apportant dans un couffin tout le matériel du bain — petites et grandes serviettes, linge de rechange, savon, morceau d'alfa, peigne fin, *rassoul* et vinaigre pour les cheveux, ainsi qu'une grosse tablette de chocolat et une petite fiole d'huile. Dans le café presque exclusivement peuplé d'hommes, bourdonnant de voix basses, d'exclamations sèches, de cliquetis de verres, et dont la pénombre légère est envahie par les torsades grises des fumées de cigarettes et de cigares, Juddaléon termine au plus vite sa partie, et se retire, avec un grand rire, sous les protestations amicales ou acerbes des partenaires. À deux pas du café, le magasin de « Cuirs et Peaux » est tenu par le *Staonné* ; on gravit trois hautes marches, et on se trouve dans une sorte de long et large boyau chichement éclairé, meublé d'un immense comptoir de bois luisant sur lequel sont déballés, à la demande du client, les grandes plaques de cuir épais et dur pour semelles, et les rouleaux de fines peaux aux teintes variées et vives — vachette, chevreau, basane, box-calf, et autres noms qui font rêver Shem — servant aux empeignes. Juddaléon n'en finit pas de les palper, de les humer, de les faire grincer ou chuinter à son oreille, d'en vérifier la résistance ou l'élasticité : « Eh, Dodanné, s'insurge le *Staonné*, tu fais souffrir la marchandise ! » Juddaléon dicte à l'employé ses choix et les quantités désirées, il commande en même temps clous et semences, et pelotes de fil, colles, cires et résines ; puis il s'engage dans un long palabre en espagnol avec le *Staonné* — devant Shem, attentif à cette langue si lointaine et si proche ; *Staonné* veut dire, il le sait, « Tétouanais », et les *Staonnyim*, les « Tétouanais », désignent les Juifs oranais d'origine espagnole, bourgeois aisés pour la plupart, assidus à la synagogue, et puritains qui ne dédaignent pas de cultiver le genre aristocratique.

Le « magasin » occupe au « village nègre », le quartier arabe, tout un angle de la rue Tagdempt. Juddaléon accueille quelques clients arabes venus pour une réparation urgente ou descendus,

arguënt-ils, de la « montagne » pour l'achat d'une
paire de chaussures. Mais il a hâte de rabattre les
battants de la large porte d'entrée, qu'il bloque à
l'aide d'une barre de fer ; la porte étroite qui ouvre
sur le côté reste entrebâillée et laisse filtrer juste
assez de lumière pour la solennelle opération qu'il
accomplit deux fois par mois : « faire la poix ». Il
allume son *kanoun*, y pose une petite marmite
noire et moirée qu'il a garnie de résines, cires et
autres composants, sans oublier l'huile de la petite
fiole apportée par Shem. Dans la pièce enténébrée
monte, avec les premières vapeurs, l'odeur miel-
leuse et âcre du mélange, que Juddaléon touille à
l'aide d'une cuillère en bois. Parvenue à la consis-
tance souhaitée, l'épaisse pâtée fumante est versée
avec précaution dans un petit baquet d'eau pour
être refroidie. Après quoi, Juddaléon la creuse, la
tourne et la retourne à l'aide d'un couteau à large
lame ; toute chaude encore, il la prend à pleines
mains et la pétrit, l'étirant jusqu'à la limite de la
rupture, la rassemblant, et recommençant son
ample mouvement d'accordéon ; sur ses bras
maigres et musculeux, saillent les veines, lanières
de cuir bleues où semblent venir s'intriquer les
longs filaments d'or que tracent dans l'air les
fugaces traînées de la pâte qui durcit. Il forme et
étale ensuite, sur une planche de bois, de longs
boudins que de puissants ciseaux débitent en ber-
lingots chutant avec un léger « floc » dans le petit

baquet. De la rue, quelques curieux observent avec intérêt cette dernière phase de l'opération ; intéressés, au premier chef, les cordonniers du village nègre, arabes et juifs, impatients d'acquérir, contre une modeste piécette, les précieux étrons d'or chus de l'alchimie artisane de Juddaléon.

Et puis, bien vite, on ferme boutique : « À nous, maintenant, le bain maure », dit Juddaléon. Le hammam est tout proche. C'est Shem, pressé, qui pousse la porte aux vitres multicolores, surmontée d'une clochette tintinnabulante. Dans le couloir d'entrée, aux murs recouverts d'azulejos d'un bleu délavé, il hume, promesse de l'imminent bonheur, l'odeur *sui generis* du hammam qu'il perçoit avant tout, par-delà les relents de savon, de sueur, d'eau de cologne, de linges, de vieux bois ou de paillasses, comme l'odeur de l'humide même. Père et fils se déshabillent sur les couches qui occupent, alignées en hauteur, toute la largeur de la mezzanine. Shem se ceint du pagne en grosse toile écrue remis à l'entrée, et dévale sans plus attendre l'escalier glissant. Il veut affronter seul le lourd battant en bois massif dont l'ouverture est réglée par une énorme boule de bois retenue par une corde et qui signalera, d'un bang puissant, la fermeture automatique. Il s'installe devant le petit bassin de pierre que deux robinets, eau chaude et eau froide, ouverts à fond, font déborder — jeux d'eau qui

vont rythmer le temps qui s'écoule. Après que son
père l'a lavé, avant de s'en remettre lui-même aux
mains du masseur kabyle, il plaque sur sa tête le
rassoul qui rendra les cheveux soyeux et s'amuse à
comptabiliser les grands « ah » paternels scandant le
craquement des articulations. Bientôt, malgré
l'exquise eau fraîche dont il s'inonde, la chaleur,
pour Shem, n'est plus supportable. Frappant le sol
avec sa timbale en fer, il appelle le garçon de bain,
chargé d'apporter les serviettes. Après la salle aux
vapeurs torrides, la vaste pièce de repos offre sa
fraîcheur sereine, matérialisée par son jet d'eau, au
centre, et son assortiment d'oranges, de clémen-
tines et de petites bouteilles de limonade. Shem
s'allonge sur sa couche, le garçon le couvre d'une
fouta en coton léger. Yeux mi-clos, corps humide
et tiède enfoui sous les serviettes bien sèches, sur
un tapis magique plane Shem. La clarté dispensée
par une petite lucarne qui va s'obscurcissant fait la
pénombre irréelle. Le silence est à peine rompu
par la monotone retombée de l'eau et les propos
qu'échangent, à voix basse, en arabe, en kabyle et
en français, garçons de bain et clients. Shem se
laisse bercer par ces étranges volutes de langues : le
flux liquide du kabyle, tout en glissades et rou-
coulements, semble contourner ou esquiver les
quelques aspérités rauques et rocailleuses de
l'arabe, tandis qu'entre les deux langues indigènes
s'insinuent, de façon inattendue, mots et expres-

sions en français. Un garçon de bain monte parfois dans la mezzanine avec une natte en rafia, et s'accroupit, en direction de La Mecque, pour la prière. Juddaléon, rentré du bain, pousse un petit somme. Le temps maintenant se fait bien lent pour Shem. Il déguste, du doigt, la tablette de chocolat que la chaleur a fondue en une pâte succulente, et il se désaltère à même la petite bouteille — la « bille » — de limonade fraîche qu'il a commandée du haut de son branlant perchoir.

Il fait sombre, bien sombre quand ils sortent, régénérés, du hammam. Après être passés à la maison pour déposer leurs affaires, ils se hâtent vers la synagogue tout illuminée. Les prières vont bon train. Du haut de la chaire, le grand rabbin fait son sermon : « Mes frères, mes sœurs, la révélation sinaïque... » Éclatent enfin, clôturant la longue odyssée présabbatique de Shem, les premières paroles du *Yrdal*. Tandis que Shem se précipite pour baiser la main d'ivoire du grand rabbin hiératique sur son siège, les fidèles rangent vite leurs *tefiloth*, s'étreignent et se congratulent et se font offrande de tabac à priser — le tout accompagné d'inauguraux et fervents *Shabbat Chalom*.

Arrêts sur images

Jean Daniel

Né le 21 juillet 1920 à Blida, en Algérie. Études de lettres et de philosophie. Il fonde *Caliban*, une revue culturelle, en 1947. Il est rédacteur en chef de *L'Express* jusqu'en 1964. En 1964, il fonde *Le Nouvel Observateur*, dont il est aujourd'hui éditorialiste et directeur. Il a publié plusieurs ouvrages, dont les derniers :

La blessure (Grasset, 1992).

L'ami anglais (Grasset, 1994, prix Albert Camus).

Voyage au bout de la nation (Seuil, 1995).

Dieu est-il fanatique ? Essai sur une religieuse incapacité de croire (Arléa, 1996).

Avec le temps, Carnets, 1970-1998 (Grasset, 1998).

I

J'ai découvert la banalité de mon enfance heureuse en arrivant à Paris. Chacun de mes amis ou bien avait honte de ses parents, ou bien se révoltait contre eux, ou bien les avait perdus dans la guerre, la Résistance, l'holocauste. Ils les appelaient « mes vieux ». Ils évoquaient les scènes où l'un de leurs parents leur avait procuré une gêne extrême devant leurs amis. Les livres ne racontaient que le malheur d'avoir été jeune et il s'ensuivit une mode assez intimidante pour que je demeure discret sur ma propre jeunesse. Jusqu'au jour où je brandis mon bonheur comme une grâce et où je me mis à évoquer les frustes auteurs de mes jours comme des Princes. Ma maison faisant office de Refuge et de Source.

II

Dans mon Algérie française, la vie des sens était méditerranéenne et la vie de l'esprit était, pour moi, parisienne. À vrai dire, elle se réfugiait même, sous l'influence de ma « grande sœur » de vingt-sept ans mon aînée, rue Sébastien-Bottin, dans la seule N.R.F. C'est la lecture de Gide qui m'a invité à connaître ce privilège : être né à Blida. Ce sont *Les Nourritures terrestres* qui m'ont fait découvrir au-delà des laideurs du centre-ville et sa place d'Armes provinciale et coloniale, les charmes du Jardin des Oliviers, du Bois Sacré, et cette allée d'acacias et d'eucalyptus où habitaient nos professeurs, c'est-à-dire nos dieux. L'usage voulait que l'un de ces derniers invitât un élève en privé. Mon père m'envia, lorsqu'il apprit que c'était mon tour, de « visiter » l'un d'entre eux. Il avait le culte du savoir, le respect de ceux qui savent assez pour disposer du seul pouvoir qui lui en imposait, celui d'enseigner.

Ce jour-là, il fit avec moi la moitié du chemin. Comme il était âgé, il marquait le pas ; adolescent, je pressais le mien. « Il t'est donné de connaître des gens qui "savent", disait-il, et d'apprendre d'eux des choses importantes. » Comme si la science avait pour lui des mystères que seuls les professeurs pouvaient déchiffrer et transmettre. Je poursuivis seul ma route, ému, effrayé, excité par la visite que j'allais faire. C'était l'hiver, c'est-à-dire la saison où l'on ne sait pas que les belles journées sont simplement somptueuses, la victoire sur la lumière, sur le froid, donnant au corps je ne sais quoi de convalescent et de tonique.

III

Le professeur était jeune. Il me dit son plaisir de me voir. Je fus bredouillant et paralysé. Ma timidité l'intimida. Ne sachant probablement par quoi commencer, il décida de me faire entendre un air de musique classique. Il mit un disque sur son « pick-up », puis m'installa dans son jardin et m'invita à bien regarder le ciel. Il me dit que dans cette position, je devais aisément deviner ce qu'évoquait la musique en question. J'étais à mille lieues de savoir quoi que ce soit. Eussé-je été en mesure de deviner, j'aurais été trop affolé pour me concentrer. Le ciel était pur, l'air vif, infiniment limpide et léger à travers les arbres, et c'est à peine si à l'horizon on pouvait apercevoir des stries, des filets nébuleux. Quelle épreuve : « Cherchez, ou plutôt, dites ce qui vous passe par la tête », me dit le professeur. Je répondis à tout hasard : « Jardins sous l'azur. » Je me souvenais d'un poème qu'il

nous avait lu en classe où il y avait trois fois le mot
« azur ». Le morceau à deviner, c'était « Nuages »
de Claude Debussy. Je rougis. Je rougissais pour un
rien. Mais là, c'était plus important qu'un examen,
et je le manquais ! Il me fit parler de moi, de mes
parents, de mes rêves, de mes lectures. Au lieu de
quoi je répondais en parlant de ma sœur parce qu'il
me semblait que c'était un sujet inépuisable et que
j'avais déjà constaté qu'il intéressait tout le monde.
Il y avait sur ma table *Le Rouge et le Noir* que ma
sœur, précisément Mathilde, m'avait fait lire plusieurs fois. J'ai cru pouvoir me rendre intéressant
en répétant ce qu'elle disait de Julien Sorel, à
savoir qu'il avait eu mille fois tort de préférer
Madame de Rênal à Mathilde de La Mole. Il y eut
une sorte d'indulgente tendresse dans le sourire du
professeur. Il me demanda ce qu'évoquait pour
moi le nom de Sorel. Alors là, comme un singe
savant, je répondis d'une seule traite : « Julien, le
héros de Stendhal, Georges, le théoricien de la
violence, Albert, l'historien de la Révolution ». Ce
fut au tour de mon hôte de rougir, mais je suppose
que c'était de plaisir. Et de gratitude devant mon
vernis culturel précoce. Il me posa la question de
savoir si je parlais arabe. « Non. » « Si j'avais envie
de l'apprendre ? » « Non. » Il hocha la tête en
disant qu'il était dans le même cas et qu'il en avait
honte. (Je ne compris pourquoi que des années
plus tard ; grâce à un autre professeur, mon ami

Marcel Domerc.) Il me demanda aussi si en dehors du latin je faisais du grec. C'était non. À partir de ce moment, il entreprit de m'enseigner le grec deux fois par semaine gratuitement chez lui. Il s'appelle André Belamich. Il vit toujours en cet été de 1996. C'est lui que Camus a chargé en 1957 de traduire et d'établir l'édition des œuvres de Federico García Lorca dans la « Pléiade ». Sur le chemin du retour, je rencontrai mon père. Je mis ma main dans la sienne avec la certitude qu'il comprendrait qu'il pouvait être fier de moi. J'étais heureux.

IV

Mieux je reconstitue l'aube de mon enfance et moins je trouve les habituelles scènes du folklore « Cagayous » italo-espagnol de ceux qui se sont baptisés eux-mêmes « pieds-noirs ». On n'aimait pas le bruit dans ma grouillante famille. Ma mère et ma sœur aînée nous avaient élevés dans l'idée que crier était vulgaire. C'eût été, de plus, une marque d'irrespect à l'égard du patriarche qui régnait sur ses onze enfants et qui, lui, n'élevait jamais la voix. Peut-être le Père avait-il été habité par ses goûts de promeneur des montagnes, sa familiarité avec les Kabyles (ce juif parlait berbère et il en était fier), son éloignement des gens de la mer dont il savait que, pour ses enfants, elle était une promesse et qu'il considérait, lui, comme une menace. Selon ses préjugés tenaces, la montagne formait des hommes graves. Tandis que sur les rivages, il n'y avait au mieux que des charmeurs versatiles sinon des voyous.

La Méditerranée folklorique se réfugiait place d'Armes et elle était parfois savoureuse.

J'entendais les « grands » s'interpeller :

— Oh Marcel !

— Oh Amédée !

— Pas possible ? Comme ça tu es là.

— Bien sûr, je suis là, et toi où tu vas ?

— Où je vais ? Je vais par là.

— Et alors ?

— Alors, voilà.

— Sacré vieux Marcel !

— Putain d'Amédée !

Ce dialogue me surprenait chaque fois car les deux interlocuteurs qui se rencontraient ainsi s'étaient souvent vus quelques instants auparavant, en ma présence. Mais à Blida, on « faisait » la place d'Armes jalonnée de becs de gaz, on « faisait » le boulevard Trumelet, bordé d'orangers et puis on recommençait. Cette « passagiata » concernait essentiellement les hommes. Les femmes qui s'y aventuraient devaient affecter de se rendre quelque part. J'ai souvent observé ce rite avec mes amis Marcel Deffieux et Jean Bonneterre. Le premier allait à la conquête des femmes avec la stratégie de

Julien Sorel. Le second rêvait de voler, comme un oiseau, comme un avion. Les deux se plaignaient, dès le moindre signe de triomphe que le printemps manifestait, qu'il allait bientôt falloir affronter l'insolente beauté des filles. Ils étaient à l'avance las de leur désir anticipé et de la violente imagination qu'ils s'en faisaient.

V

Un jour, Deffieux me fit rougir en me faisant observer que l'un de mes frères regardait les femmes avec une trop visible concupiscence. Chez moi on ne parlait jamais ni du sexe ni de la mort. Éros et Thanatos tabous ! Nous n'avions pas à nous contraindre : l'idée ne nous en venait même pas. Lorsque j'entendais les « grands » en murmurer, je me protégeais du sens, je ne voulais pas comprendre. Toutes les conceptions étaient immaculées, les mères vierges, les amours platoniques et la vie, sauf accident scandaleux, était éternelle. Au-dehors, c'était l'agression permanente. Comme si chacun dans ma maison était un pur esprit et les autres à l'extérieur étaient des pervers polymorphes ou des obsédés sexuels. Que devenaient mes frères et sœurs lorsqu'ils sortaient de la grande maison ? Je me refusais à l'imaginer. Mais je me souviens de la trouble et délicieuse sensation que j'éprouvais en classe lorsque mon voisin au visage d'archange mettait sa cuisse nue contre la mienne pendant les cours. Sa déception aussi le jour où, comme j'avais trop grandi d'un seul coup, on remplaça mes culottes courtes par des pantalons.

VI

Dans aucune des évocations de mon enfance je ne me suis posé la question du rôle des Berbéro-Arabes dans leur pays et la façon dont ils avaient peuplé, coloré ou orienté mon univers. Dans la « rue des Juifs », au cœur de la ville « européenne », il y avait peut-être de nombreux juifs avant ma naissance mais il en restait très peu alors. Le marchand d'instruments de musique était corse, M. Carli. À l'entrée, il y avait un tapis qui déclenchait une sonnerie quand on marchait dessus. Évidemment, tous les enfants entraient, écrasaient le tapis siffleur et repartaient. Les marchands d'espadrilles étaient espagnols. Le dinandier (c'était le nom que se donnait un ferblantier fabricant de cafetières à long manche) était maltais. Les merciers, ils étaient deux, étaient juifs comme le fripier. Tous les musulmans étaient mozabites. Notre terrasse dominait leur patio et lorsque notre ballon de foot y tombait, nous engagions un concours (ou une simple partie de courte paille) pour savoir qui irait le chercher. Nous avions une sainte peur de ces commerçants ventrus, barbus, au turban permanent et au pantalon (séroual) bouffant, à multiples plis, dans lesquels ils avaient la réputation de dissimuler des maléfices, et où les plus délurés d'entre nous, les petits Arméniens (les enfants du bijoutier — que j'ai oublié dans la liste) imaginaient un sexe monstrueux. Dans le magasin des Mozabites on ne voyait curieusement pas de femmes arabes ou berbères, même emmitouflées dans leur voile cyclopéen (il ne laissait libre qu'un œil). Il y avait en revanche des Européennes dédaigneuses, effarouchées, excitées, et sur lesquelles couraient des rumeurs que nous n'osions pas comprendre mais qui les rendaient complices lointaines des sorciers mozabites.

VII

Mon père était négociant en « blé, semoule, farine ». Dans son entrepôt, les ouvriers étaient kabyles ou arabes. Ils portaient sur le dos des balles de céréales dont certaines pesaient jusqu'à cent kilos, qu'ils déchargeaient d'une voiture à cheval. Mon père avait la réputation de les avoir précédés dans cet exploit physique pendant les longues années de sa pauvreté. Les ouvriers faisaient preuve d'une attitude incroyablement respectueuse envers

mon père. À cause de ses mérites ? de sa stature
(1,85 m, 90 kilos) ? de son âge (un vieux est un
sage, il est proche de Dieu) ? de sa nombreuse
famille ? En tout cas, ses ouvriers n'osaient ni
fumer ni même manger devant lui. Une fois par
semaine, le vendredi, trois d'entre eux venaient lui
baiser la main et ce spectacle nous confondait,
nous ses enfants. Le vendredi, jour de prière, les
mendiants musulmans avaient droit à la charité.
Quand je me trouvais là, mon père me donnait un
sou pour chacun d'eux.

Il y avait aussi, hors du magasin, loin de notre
maison et de la rue, des dragueurs d'enfant. Le
confiseur où nous passions avant de nous rendre au
collège laissait parfois entrer quelques-uns d'entre
nous, toujours les mêmes, refermant la porte. Et
tandis que nous attendions qu'il ouvre et nous per-
mette d'entrer, nous n'osions pas échanger un
mot. Un jour, un jeune Arabe me proposa de
m'emmener sur son vélo au Bois Sacré. J'acceptai
avec innocence. Rien ne se passa sauf qu'après
m'avoir dit qu'il ne serait jamais reçu chez moi, ce
qui me parut stupide, il se mit à me débiter des
horreurs obscènes en se touchant. Son plaisir solitaire épuisé, il s'excusa, me pria d'oublier,
m'intima l'ordre de ne rien dire et me raccompa-
gna. Je n'ai jamais rien dit non pour lui obéir, mais
parce que j'effaçai aussitôt cet incident brumeux

pour moi. Je n'avais rien compris à toutes les obscénités. Sauf qu'elles étaient obscènes.

VIII

En dehors de la polyphonie religieuse qui a constitué mon premier univers musical et qui l'a irrigué de religiosité intense (les sonorités des prières des trois religions monothéistes), le Dieu de mon enfance s'incarnait dans deux voix : celle qui paraissait secrètement s'adresser à mon père et à laquelle ce dernier répondait, presque d'égal à égal au fur et à mesure qu'il devenait plus âgé. Mais il y avait aussi la voix solitaire, éperdue, discrètement tragique, tendrement désespérée, celle de ma mère qui, dès l'aube, après avoir ouvert les fenêtres et s'être servie d'une serviette de toilette comme d'une coiffe, s'adressait au ciel pour implorer sa clémence, sa bénédiction et pour maintenir si peu que ce soit l'impossible espérance. Ma mère n'allait jamais à la synagogue, ne connaissait aucune prière rituelle, n'évoquait jamais Dieu dans la conversation. Elle réservait à sa seule intimité secrète le soin de ses douloureuses requêtes envers un Être inaccessible et incertain. Je n'ai jamais pu entendre ma mère prier de cette façon sans être secoué par un frisson. Un jour, j'ai aperçu notre petite bonne musulmane qui pleurait de loin en l'entendant.

Tout cela faisait que je ne pouvais rejoindre Gide, sa haine des familles et des foyers clos, que d'une manière artificielle et absurde. J'avais lu que Gide un jour, dans un train, avait entendu une mère dire à son bébé : « Toi et moi, moi et toi, les autres on s'en fout », et il ajoutait : « Cet égoïsme à deux est plus hideux que l'autre. » Nous, nous étions treize, ce qui ne nous empêchait pas de réserver la place de l'Ange à la grande table du vendredi soir. Ce symbole de la place de l'Ange a enchanté mon enfance. Souvent cette place a été occupée par un paysan kabyle qui descendait de ses montagnes et que le mauvais temps empêchait de regagner son douar. Comme m'enchantait aussi la coutume du verre d'eau jeté dans l'escalier derrière celui qui part pour le faire revenir, comme revient le ressac de la vague sur le sable. Ainsi que la proposition du « Cambio » si utilisée en Corse, selon Marie Susini, et que ma mère formulait en s'offrant à échanger sa vie contre celle d'un enfant malade.

IX

J'eus seize ans et je permets à tout le monde de dire que c'est le plus bel âge de la vie. Chaque aurore m'apportait sa moisson de triomphes. Je me sentais protégé et j'engrangeais avec avidité toutes les sensualités de l'existence ; toutes les ambitions

aussi. Je rêvais que je danserais plus tard comme
Fred Astaire, que je jouerais au tennis comme
Borotra, que je chanterais comme Charles Trenet,
jouerais du piano comme Artur Rubinstein et bien
sûr que j'écrirais comme Tolstoï ou Malraux.
Quand ma mère était malade, je devenais aussitôt
le plus fameux médecin du monde. Jusqu'au jour
où Paulette, notre domestique espagnole, noueuse,
altière, vêtue de noir, est venue dire à la maison :
« *Mon fils Vincent, l'ami de Jean, est mort en Espagne.
Il s'était engagé sans me le dire. Alors vous ne me verrez
plus. Ni vous ni personne.* » C'est ainsi qu'un jour en
plein bonheur de mes seize ans, le tragique et
l'Histoire sont entrés dans ma vie comme des
soleils noirs.

Rencontres

Mohammed Dib

Né en Algérie le 21 juillet 1920. Il écrit tout en exer-çant divers métiers. Installé en France depuis 1959, il a publié de façon régulière des recueils de poésie, des nou-velles, des romans. Il est mort le 2 mai 2003 à La Celle-Saint-Cloud. Derniers titres parus :

L'Enfant Jazz, poèmes, La Différence, 1998. Avec des peintures de Rachid Koraïchi, Imprimerie nationale, 1998.

Le Cœur insulaire, poèmes, La Différence, 2000.

Comme un bruit d'abeilles, Albin Michel, 2001.

L. A. Trip, roman, La Différence, 2003.

Simorgh, nouvelles, essai, Albin Michel, 2003.

Laëzza, nouvelles, essai, Albin Michel, 2006.

Première rencontre.

À côté du mien vivait un autre monde mais, de toute ma petite enfance, je ne m'en étais guère aperçu. Il m'arrivait bien de sortir en ville avec tel ou tel autre membre de ma famille : nous aurions dû croiser les ressortissants de cet autre monde par conséquent. Or j'ai beau battre le rappel de mes souvenirs, je jure qu'aucun ne me signale que nous avions fait de telles rencontres. Ma mémoire de cette époque reste vierge de tout souvenir d'étrangers. Ou bien ces derniers avaient le pouvoir de se rendre invisibles, donc ils n'impressionnaient pas ma rétine, ou bien mes yeux n'étaient nullement faits pour les voir. Ils n'existaient pas.

Jusqu'au jour où l'un d'eux apparut chez nous, débarqua dans notre propre foyer. Il avait ainsi traversé des années-lumière de méconnaissance. Je venais d'avoir un accident à la jambe, qui allait me tenir cloué au lit durant un an. L'extraterrestre arrivait dans une odeur d'éther et avec de longues, de redoutables aiguilles au bout des doigts. Stature lourdement charpentée et, par-dessus cela, un visage trop blanc dont la pâte commençait à se relâcher, il se déplaçait d'une seule masse, posant d'abord un pied bien à plat sur le sol avant de lever l'autre. Imaginez la peine qu'une telle créature devait se donner pour se baisser jusqu'à moi qu'il trouvait couché sur un matelas, à ras de terre. Un lit, je n'allais savoir ce que c'était que beaucoup plus tard.

Pendant un temps, il se présenterait à mon chevet tous les jours à une heure fixe. Deux coups impérieux de heurtoir frappés à la porte de la maison ; il entrait, c'était lui. Ses coups n'étaient pas assenés qu'à la porte de la maison mais aussi à celle de mon cœur qui à l'instant se délitait de tristesse, uniquement de cela, la tristesse, parce que je savais déjà prendre mon mal en patience. Coups d'ailleurs dont je sentais approcher, venir le moment où ils retentiraient : par avance, comme pour me les annoncer, ma mère mettait à bouillir dans de l'eau, sous mes yeux, deux aiguilles pour les seringues du Dr Photiadis.

Celui-ci ne descendait pas de ces Gaulois dont je saurais plus tard, à l'école, qu'ils étaient mes ancêtres. J'avais devant moi, arrivant de l'autre monde, un Grec. Cela bien sûr, je n'allais l'apprendre que par la suite. Comme maintes autres choses.

Pour le moment, dans la vaste figure penchée sur moi, je ne voyais que les lunettes cerclées de noir et, prisonnier des verres, le regard en pointe de diamant, luisant et tout sourire. Secrètement enfantin. Alors que les traits du visage gardaient leur immobilité sans âge, quel sourire ! Je n'ai pas souvenance qu'avec ses aiguilles il m'eût une seule fois infligé la moindre douleur.

Il fut mon premier étranger en date : avant lui, je ne m'étais encore trouvé en présence d'aucun autre. Il sauva ma jambe, qui en toute logique aurait dû être amputée. C'était encore l'ère d'avant la pénicilline.

Il se passa nombre d'années depuis lors, j'étais devenu un grand jeune homme, dix-huit ans. Je retournai le voir. Au début de la dernière guerre, sévissait à Tlemcen une épidémie de typhus qui n'essayait pas de choisir entre ses victimes, fussent-elles de l'un ou de l'autre bord, et elle en fit pas mal. À longueur de jour, les convois funèbres se succédaient en direction des deux cimetières de la ville, le musulman et le chrétien.

Comme de juste, j'avais changé, mais le Dr Photiadis me reconnut. Lui restait le même homme. Même stature massive, même visage épais et dans ce visage mêmes grosses lunettes et, derrière ses verres, même regard aussi secret qu'amusé. Il me donna un morceau de camphre à porter sur moi.

Deuxième rencontre.

Il s'appelait Monsieur Souquet. J'avais neuf ans ;
lui, la cinquantaine, pour autant que je pouvais en
juger alors. Un croque-mitaine pourvu d'énormes
moustaches grises tombantes et d'un gros ventre. Il
n'était pas grand. Il était français. Enfants, nous
avions très peur des Français, nous ne nous en
approchions jamais.

Celui-là, pourtant, je fus de but en blanc
enfermé en sa compagnie, dans la même pièce,
plusieurs heures durant et cinq jours par semaine.
Je ne pouvais faire autrement que de rester et de
m'accommoder de cette situation ; par bonheur, il
y en avait là encore trente comme moi.

Lui aussi portait des lunettes, ils portaient tous
des lunettes, mais les siennes étaient montées sur fil
de fer.

Monsieur Souquet était un instituteur *français*
venu enseigner dans l'école laïque et publique
indigène de la ville. Une assez grande école, où
nous étions entre nous avec nos maîtres algériens, à
l'exception de quelques deux ou trois qui nous
venaient de *là-bas*. Ceux-ci nous demeuraient aussi
étranges qu'étrangers. Un important personnage a
exprimé une profonde vérité, ces temps-ci, en
déclarant que l'étranger se reconnaît à l'odeur.
Monsieur Souquet, un Français que je pouvais
désormais étudier de près et à loisir, en dégageait

une justement. Un peu sèche, un peu blanche
encore que point désagréable. Comment dire, une
odeur de paille, ou à peu près.

Mais ce n'était vraiment pas le plus important. Je
ne tardai pas à découvrir qu'il incarnait le genre de
croque-mitaine débonnaire, avec ses grosses moustaches, sa grosse voix, son gros ventre, ses gros
yeux, et cela avait une autre importance. Il me faisait toujours trembler mais de moins en moins fort,
puis plus du tout. Nous avions commencé, faut-il
dire, à apprendre avec lui quantité de choses inté-
ressantes.

Bonhomme, oui, mais strict sur le chapitre du
travail et de la conduite. Il ne s'interdisait pas à certains moments d'élever une voix qui faisait vibrer
les vitres de la classe. Il punissait les mauvais élèves
et sa manière favorite consistait à laisser tomber sur
votre crâne un poing, quoique matelassé de chair,
très lourd. Une manière qu'il ne galvaudait pas, il
ne l'utilisait qu'avec économie, la réservant aux cas
graves, extrêmes.

J'eus l'occasion à mon tour de faire la connais-
sance de ce poing. Monsieur Souquet nous ensei-
gnait que le pluriel des noms communs se forme
en règle générale avec « s » ajouté à la fin ; et voici
qu'un jour nous eûmes la malchance, pour moi, de
tomber sur le mot « puits » dans une dictée. Monsieur Souquet eut mon cahier sous les yeux. Il
décréta aussitôt que j'avais commis une faute en

écrivant « puit ». Je répliquai que ce mot, dans notre dictée, se trouvait au singulier. À son tour il me répliqua que nonobstant il devait prendre un « s ». J'en refusai à la fois l'idée et sa mise en application. La question fut tranchée devant toute la classe par un coup de poing sur ma tête. Coup de poing dont je me rappelle qu'il ne fit mal qu'à mon amour-propre en me réduisant au silence.

Aujourd'hui encore j'écris contre ma conviction intime le mot « puits », ainsi, avec son appendice injustifié, dans sa singularité, et seulement en souvenir de mon bon maître.

En récréation, je me retrouvais dans mon élément, il n'y avait dans la cour de cette école indigène que des Algériens en herbe. En passant, je ferai d'ailleurs observer qu'à l'époque nous ignorions ces mots : Algériens, Algérie, *Al Djazaïr*. Personne ne nous en avait parlé, ou dit la signification, ce qu'ils étaient censés désigner. Ni nos parents à la maison ni qui que ce fût dehors. C'est l'école qui allait nous l'apprendre. Et nous, de découvrir alors que nous étions d'un pays déterminé, appartenions à une terre à part.

Une fois dans la cour de récréation, aussitôt, j'oubliais, nous oubliions l'existence de ce délégué d'une autre planète qu'était Monsieur Souquet. Il ne me venait même pas à l'esprit qu'il pouvait avoir un domicile, une vie de famille. J'aurais mieux fait d'y penser un peu avant, car il lui arriva de nous amener un beau matin, dans notre classe, un garçon de notre âge à la peau de lait si tendre que nous nous demandâmes comment elle ne fondait pas sur lui.

Un Français enfant, à nos yeux, était plus étonnant encore qu'un Français adulte. Celui-là, nos yeux justement écarquillés ne se détachaient plus de lui, nous ne travaillions plus, incapables que nous étions de faire autre chose. Durant plusieurs jours, durant tous ces premiers jours, il régna une atmosphère spéciale dans la classe, atmosphère faite d'attention, de prudence, d'enchantement. Sans conteste, par l'effet de sa seule présence, sentiment tout nouveau, quelque chose avait changé autour de nous, voire en nous.

Il était le fils de Monsieur Souquet, se prénommait-il Georges, je n'en suis plus très sûr. Il allait étudier dans la classe de son père, qui était la nôtre ! Un événement auquel rien ne nous avait préparés. Et cc fut la révolution dès que les turbulentes légions des autres cours l'aperçurent pendant la récréation. Une révolution silencieuse en fait. Ceux qui n'étaient pas de notre classe ne surent qui apparaissait là et donc, comme par magie, l'effervescence habituelle tomba soudain et tous restèrent là, et nous avec eux, stupéfaits. Cela ne dura qu'un court instant mais ce fut un instant d'éternité.

Puis peu à peu nous nous approchâmes de lui,

tout en gardant nos distances. Nous nous bor-
nâmes à l'observer. Comment il était habillé —
beaucoup mieux que chacun de nous. Comment il
était chaussé — nettement mieux encore. Comment il était coiffé, comment il se tenait. Il ne parlait pas. Il n'échangea pas une seule fois un seul
mot avec nous, ni nous avec lui, nous parce que si
nous savions déjà lire, nous ne savions pas encore
parler en français. Et nous ne nous imaginions pas
l'entendre s'exprimer dans notre langue.

Ce bouleversement de nos habitudes ne fut
qu'un intermède de courte durée. Georges, si du
moins il s'appelait ainsi, disparut bientôt de notre
classe, de notre école, de notre vie. Nous n'eûmes
pas le temps de nous habituer à lui, ni lui à nous.

Le père Souquet resta évidemment. Cet homme,
nous découvrions jour après jour qu'il était le
meilleur des hommes pour une raison très simple.
Il ne finissait jamais sa classe sans nous raconter une
histoire, généralement courte, drôle, mais drôle à
nous faire hurler de joie, ce qu'il permettait alors
puisque lui-même en riait avec nous. Je le vois
tout à fait s'esclaffant dans sa moustache hirsute
jusqu'à en avoir des larmes aux yeux. Ainsi ne
repartions-nous jamais tristes de l'école à la porte
de laquelle nous attendait en plus le marchand
espagnol de sucres d'orge et de pois chiches grillés,
des *torraïcos*.

Lui, nous ne pouvions le craindre. Non pas du
fait de sa taille chétive et de ses yeux chassieux

mais parce qu'il se trouvait être de chez nous, un proche. Il en était de même de David, le Juif qui tenait sur la grand-place un kiosque de pâtisseries tunisiennes, rendez-vous de tous les gosses de l'école riches de quelques sous. Il était encore plus de chez nous, et si proche qu'il ne nous refusait jamais du rabiot après nous avoir donné pour notre argent d'une pâte d'amande au miel vite engloutie.

Reste la rencontre dont je n'avais pas encore conscience que je l'avais déjà faite et qui, par la suite, se révélerait déterminante en infléchissant ma vie dans un certain sens avec la force d'une nécessité, ou d'un destin : c'est celle qui me mit devant une langue à l'abord aussi difficile que séduisant, le *français*. Mais cela est une autre histoire, de ces histoires qui ne connaissent pas leur fin.

Donc, pour en revenir à ces temps anciens : enfant des villes, je ne savais évidemment que ce que je voyais autour de moi, en ville, et pas du tout ce qui se passait en dehors. À la campagne par exemple qui, elle aussi, a toujours constitué un monde à part, un monde à côté du mien et lui demeurant étranger. Mais nous serions instruits à son sujet quelques années après, durant le conflit mondial, quand nous verrions de nos yeux incrédules ces files de paysans venus mourir dans nos rues si propres, si bien entretenues. Eux n'avaient pour ennemis que la faim.

La mémoire
des autres

Nabile Farès

Né en 1940 à Collo, en Algérie, il vit à Paris depuis 1964. Journaliste, écrivain, psychanalyste, il mène des expériences théâtrales à Aix-en-Provence, Marseille, Paris. Il collabore à diverses revues littéraires. Il a publié plusieurs romans aux éditions du Seuil, des essais, des recueils de poésie dont :

L'exil au féminin (L'Harmattan, 1980).

L'État perdu, précédé du *Discours pratique de l'immigré* (Actes Sud, 1982).

Derniers titres parus :

Le miroir de Cordoue (L'Harmattan, 1992).

L'ogresse dans la littérature orale berbère (Karthala, 1995).

Le voyage des exils, poèmes, dessins de Kamel Yahiaoui (La Salamandre, 1996).

I

Être né en 1940, le 25ᵉ jour du mois de septembre (dit, sans altération, « september » en
arabe), au moment de l'interdiction scolaire faite
aux enfants d'indigènes — ceux que nous étions, à
l'époque : berbères, juifs, arabes, en Algérie —, et
même si cette interdiction, se déplaçant comme
rumeur « incroyable » bien des années après,
n'exista plus, dès 1945, dans ce village isolé, beau,
limpide, nettoyé, du bord de mer, appelé Collo
(Qol, aujourd'hui) qui fut, pour moi, un village de
naissance obscure, a provoqué, dans ce qui, pour
d'autres, a valeur et vanité de mémoires d'enfance,
des trous, des séismes certainement causés par cette
volonté, qui historiquement eut lieu, d'imposer,

en Algérie — comme en d'autres lieux du vaste monde — une loi raciste de naissance. Qol, village isolé au bout de la presqu'île, qui devint par la suite, dès la fin de cette guerre des races et du capital, terre elle aussi interdite, « no man's land » disait-on, où des corps, ombres, demeurent ; corps jetés d'une manière si « moderne », ensevelis, qui, aujourd'hui dispersés, contrairement à la démence prédite, veillent souterrainement, restent présents, passant frontières, histoires, générations, temps.

Échos disparates, en cet arrêt au bord des demeures, puisque de l'Algérie nous sommes (et, pour le dire, enfin, « je suis ») exclus, une autre fois, en l'âge adulte de cette enfance.

Double interdiction mesurable en cinquante années d'écart.

Européen, musulman, laïque, athée, pour cause de vraie, réelle « assimilation » ; mot, et sans doute encore aujourd'hui, qui fit longtemps injure, dans le monde, et à l'école.

Celle de la voix du père dictant, en son silence, un passage au-delà des grandes ruptures : naissance d'Israël et nationalisme arabe. Témoignage existant à l'intérieur de la fiction de l'Algérie française, sous le régime de Vichy : l'apartheid initial se donne en ricochet sur la surface des villages de l'intérieur — comme on le disait à l'époque —, avant de disparaître, comme la pierre, en un fond.

Là-bas, si le fond existe, à son tour, la pierre

tiendra du sable ou de la roche recouverte de violets d'or et de sang ; la pierre jetée à l'Autre, fond d'eau, dans les ruines de la mort et du temps.

Gisement, sans doute, que cette pierre jetée contre Monsieur Présent et Injuste venu, mieux que gaz et pétrole, du fond des âges, comme rumeur accrochée aux sabots brillants des chevaux lancés à toute allure à la sortie d'un autre village lointain du Sud, des hauts plateaux ; là est le premier échange d'histoires closes, non apprises dans l'instant, comme un voile jeté sur les femmes de la vie.

Cécité Étouffement : sigles doubles qui ne font pas signes.

Symbole, tout au plus, de ruptures incessantes où l'emprunt de langage a poussé mère et père, en leurs ombres et lumières à ce lieu de redondance où s'inscrit le temps hérité de l'inaccompli, l'aoriste passé-présent des trois langues (arabe, hébreu, berbère) qui entoura de son silence la chute des écoles.

Soudainement muettes, ces langues qui ne parvenaient que de l'ombre où se disait la joie enfantine d'être seulement — eh, oui ! — déjà, à l'écoute des autres ! Absorbée la nature de l'humain en ce gouffre premier des interdictions ; pas seulement le corps, qui continuait à bouger ; pas seulement la langue, qui — assurément — vivait dans ses palais ; mais la parole, le soleil, l'ombre, les hauts plateaux, coupés jusqu'en leurs histoires de lettres, de grains, de chevaux.

Fantasia : l'héritage fut d'être confronté aux rudes gammes du mutisme ; pas moyen d'apprendre autre chose.

Ainsi en est-il de la chanson et du... « peu ».

Heureusement le sel ! Heureusement les chaudrons !

Comme dans les contes la mère est une rêveuse qui connaît bien les arbres, les fruits, les histoires, les confitures, même empoisonnées, les oiseaux ; elle porte en elle les filles, les fils des sœurs, des frères pour être, en plus de nous, déjà trois, puis quatre, pour être davantage chez elle : wilaya II, Qol ; wilaya III, la Kabylie ; wilaya V, Sebdou, le village du premier travail de père, la naissance du frère aîné, de la sœur aux nattes resplendissantes, la wilaya VI, In-Salah, le village Sud où il fut placé en résidence surveillée : la mère l'accompagne en ce terrible pays d'enfance.

Elle se protège de l'exode familial par afflux de rêves et de pensées ; telle est la loi ; le père, lui, est orphelin de naissance.

À quoi, de ce fait, aurait-il droit ?

Son silence m'émeut, aujourd'hui, bien plus amplement...

En réalité, je n'étais venu dans ce village des hauts plateaux qu'à l'âge de deux ans — 1942 — et pas tout seul, du reste.

Comment aurais-je fait ? À peine si je savais descendre des bras de la mère, vu qu'elle m'emmaillotait à la manière des mères dites de « chez nous », avec beaucoup de linge autour du corps, les deux bras allongés tout du long, comme pour monter sur un traîneau.

Et, ravissement parfois, lorsque plus « grand », ou plus âgé, j'ai vu des Indiens chassés de leur territoire, prenant avec eux leurs bébés sur des traîneaux. J'ai toujours pensé que j'étais, ou avais été, au moins une fois dans ma vie, comme eux emmailloté.

II

Vieille image qui continue de poursuivre son chemin de vie jusqu'en ce village du Sud que les gens appelaient Berrouaghia, le village des asphodèles où existait un pénitencier.

Je mens, un peu : cela va de soi.

Mais il faut bien que je vous avoue — à vous, ou à quelqu'un d'autre ; je ne vois plus tellement la différence — que l'affaire du pénitencier a immédiatement touché les cases neuves, vierges pourrais-je dire, de mon esprit ; neuves et vierges, car je ne pouvais savoir à cet âge ce que serait la vie de ce village, de ses habitants et, surtout, la mienne puisque je me trouvais, après l'emmaillotage, l'exode de la mer, du sel, vers les chaudrons, enfermé dans une même famille, pas très loin de la route qui menait, hélas ! au pénitencier.

Vous sentez déjà à quel point ceux-ci — le village, le pénitencier — ont pu marquer la naissance de ce que j'ai ensuite, bien entendu, appris être la mémoration.

Drôle de truc ! De savoir comment on vous fabrique une mémoire.

J'ai essayé de comprendre et, depuis, j'ai vu beaucoup de monde, dont je vous dirai quelques mots après vous avoir présenté de fond en comble, de prisons en terrasses, de champs de poubelles en élevage, de militaires en gendarmes, d'épiciers en cafetiers, ce que fut — et l'est même encore aujourd'hui — ce village.

Vous sentez bien, une autre fois, que de ne pas être né dans ce village ne m'ôte pas du tout cette liberté d'y être apparu un jour de fin 42, après que le pays d'où j'étais fut devenu le pays de la Seconde France, celle de la France Libre ! Et j'aime particulièrement ces Majuscules qui me portent au-delà de la phrase : oui, il en fut ainsi dans ce village du sud d'Algérie. Il y avait encore des disputes — violentes, cela va de soi — entre ceux qui aimaient toujours le Vichy, d'autres la couleur locale ; d'autres — dont nous étions — qui préféraient éviter la guerre, aimer la vie, retrouver l'école, fuir l'insulte, la mort, les haines.

C'était du moins ainsi que les choses apparaissaient. Surtout l'été, là-bas, où la chaleur atteignait des « degrés », selon les paroles bourgeoises du temps, « épouvantables », tandis que les « autres » disaient — quels autres ? si nous sommes toujours les « autres » d'autres — (suit, après cette interrogation, un dialogue en forme de répliques : « Ceux qui ne parlent pas la langue ? »)

— Plus ceux qui la parlent mais la déforment.

— Plus ceux qui ne devraient pas la parler et, encore moins, l'écrire.

— Ceux qui la connaissent mais ne veulent pas la dire.

— Ceux qui ne la connaissent pas et qui en rêvent.

— Ceux qui la connaissent et — comble — en demandent un peu plus.

— Ceux qui ne tolèrent pas cela et le refusent.

— Ceux qui ne tolèrent pas cela et qui s'insurgent.

— Ceux... d'autres qui disaient simplement : « Il ne faut pas sortir aujourd'hui... »

Terrible répétition dans l'actuel : bombes, meurtres, découpages, luttes, internements ; et, en de nombreux endroits, tribunes, journaux, des discours endiablés écrits sur le front de toutes les suppositions armées. Quelque chose de pas très clair pour les enfants de deux ans qui vivaient dans ce village, si nombreux que, lorsqu'il leur arrivait de

partir ensemble au-dessus de la cohue municipale,
c'en était fait des avis à la population et aux
« encore Indigènes » (Majuscule, s'il vous plaît :
« juif arabe musulman berbère redevenu français
tout à la fois ») de cet endroit.

Pas d'avenir, pensions-nous, qui ne puisse tenir
compte de notre apparition : Nous, les Bébés
(Majuscule, s'il vous plaît !) nous nous réveillions
et disposions de la rumeur insupportable : « Non,
ce pays ne sera pas raciste. »

Nous envahissions, pour le dire ainsi, l'air du
temps.

Mauvais air : l'école, l'agitation nous dépassait.

« Asseyez-vous ici ! Ce n'est pas parce que vous
revenez à l'école que vous n'êtes plus un "indigène". »

Mouvements de foules, mouvements de chevaux !

À chaque crise, répondent les fantasia et les
grandes manœuvres militaires, en septembre, au
sud du village de Berrouaghia : fin du nazisme, en
Europe ; refus de la subtile émancipation politique,
en Algérie ; l'est du pays déjà flambe ; le Sud se
met en ligne sur la longue piste des chevaux !
Deux fois les chars : la première en 1947 à l'inau-
guration — mauvais augure — des grandes
manœuvres de la guerre.

La seconde en 1962, lors des charniers de Boumediene.

Guerre de l'Est et de l'Ouest au ventre de l'Oiseau !

Si vous regardez une carte du Maghreb vous remarquerez que son centre est fait de ce corps dont l'extrême Sud est le fleuve.

L'extrême Nord est Alger, l'ancienne ville de Mezghana !

De l'une à l'autre de ces extrémités : le fleuve, le désert, les oasis, les hauts plateaux, les montagnes, les plaines, la mer, et Là s'arrêtent les départs et commencent les difficultés d'être.

Avant. Les éleveurs, du pays du Fleuve aux plaines de la mer.

Les musiciens, Ambassadeurs du Sud, « Baba-Salem » et « Gnawas ».

Vous connaissez aujourd'hui leurs musiques qui sont dans les Terres Riches du Plus Haut Nord : « Orchestre national de Barbès pour les soirées estivales de la Goutte-d'Or, Paris 18e, non loin de la rue Myrah. »

Que dire de l'entre-temps ? De cet entre-temps qui précipita les départs ; toutes sortes de départs...

La discrétion est de mise, certaines douleurs encore tracent d'elles-mêmes les lignes de la défla-gration ; le désert fuit, prisonnier de ces feux constants qui illuminent les désespoirs furieux de la découverte géologique. Pauvres couches traversées par les brûlures de l'Or noir...

Les chevaux étaient avec leurs harnachements,

leurs grands chapeaux de paille entourés d'un turban ; ils tournaient dans le village, aux alentours de la place où les nouvelles étaient prononcées : réquisitions, listes de noms, appels, discours, enrôlements. Nous, les Bébés, nous n'étions pas encore compris dans les lots, vu que, encore fraîchement démaillotés, nous ne pouvions faire partie des répartitions.

Seulement voilà, nous entendions tout, sans comprendre, car les Bébés, s'ils ont à cet âge-là des oreilles, ils ne comprennent pas. Même s'ils finissent par tout retenir, ils ne comprennent pas !

Malgré cela — c'est-à-dire malgré cet état d'incompréhension — nous savions qu'en quelque manière il était question de nous.

Alors, sans le dire, nous tenions quelques réunions clandestines dans la tête des habitants : nous agitions leurs esprits.

C'est du moins ce que disent de l'époque certains rapports journaliers. Il existait quatre grands cafés : l'un, où l'on servait ceux de Vichy ; l'autre, celui des café-verres et verres-menthe ; le troisième, des anisettes et pastis incontrôlés ; le quatrième qui offrait, avec quelques boissons dont je tairai le nom, brochettes parfumées au kemoun et au piment : « Ces gens-là veulent changer l'Algérie heureuse... Alors que... » C'est ainsi que nous nous mîmes à vivre, chaque jour, dans le futur.

Ce qui m'a permis de comprendre en quoi les guerres sont bonnes pour le futur.

Elles permettent de penser à quelque autre vie, à quelque autre temps où elles n'auraient pas été si présentes.

Il en reste quelques traces vives dans la mémoration.

III

C'est ainsi que tout petit, j'ai appris ce qu'était la guerre : un état de grande confusion où les esprits — ceux que nous cherchions désespérément à animer — marchaient à coups de cris, d'injures, de soupçons, d'énervements. Même à la maison c'était la guerre, entre la mère qui surveillait les chaudrons, le père qui se renseignait dans les meetings, et nous, qui faisions les Bébés à chaque instant pour partir un jour loin du camp.

Ce que je ne vous ai pas dit — que vous ne trouverez en aucun rapport de police puisque déjà à l'époque les femmes, jeunes filles et petites filles, ne fréquentaient nullement le village des quatre cafés —, c'est que c'était ma mère qui lavait les vêtements des « Instructeurs du Camp ».

« Instructeurs » les nommait-on, parce que, sans doute, ils étaient « l'instruction » ; tandis que nous...

Ma mère lavait, ou mieux — plus précisément
— faisait bouillir les habits d'Instruction dans de
hauts chaudrons sous lesquels, de temps en temps,
nous jetions des pétards.

« ... Tas d'inutiles, jamais vous ne grandirez ! »
lançait la mère aux Bébés.

Nous tentions de fuir alors à l'intérieur de nos
maillots et de nos yeux fermés aux guerres nouvelles.

J'aimais particulièrement ce moment où, après
les énormes blagues — ma mère fut une conteuse
formidable, comme je vous l'ai déjà dit —, je pouvais, enfin, fermer les deux yeux, comme maintenant lorsque je m'allonge, que je pense à la mort,
au futur enfui, ou à la liberté.

Profond rêve où le village me revient en
mémoire sur un écran fabuleux, enrichi de toutes
les bêtises vécues parmi les hontes et les humilia-
tions ; le passage « en ville », comme on le disait là-
bas, du côté des plaines et, assurément, de la ville,
Alger, la vieille ville de Boulouris et de Mezghana,
fut encore plus déterminant : nous ne sortions pas à
n'importe quel moment dans les rues.

Tout comme en 19..., oui, c'est bien cela...
1992.

Beaucoup plus tard, lorsque après tant d'années
— certains disent trente, d'autres disent trente-
deux... ; d'autres *encore* (comme moi) disent :
« Mais non, ce n'est pas possible de compter car ce

n'est pas encore terminé : avec tous ceux qu'on est en train de ramener au camp de Berrouaghia, c'est vraiment une autre guerre ! Ou alors, celle qu'on croyait d'avant n'est pas *encore* terminée — il est *encore* question de démocratie. »

Cela ressemblerait un peu, en un monde différent, bien entendu, à la nouvelle de J.D. Salinger : « Juste avant la dernière guerre contre les Esquimaux... » ; ce titre me rappelle que l'histoire de l'emmaillotage et du traîneau, j'ai dû aussi la vivre, il y a fort longtemps, chez les Esquimaux ; eh ! bavures qui se donnent à lire en cet envers d'entre-lignes, détours, oublis, retours de ces exquis mots.

P.-S. : Bien entendu, voilà bien des bassines que ma mère ne met plus à tremper les vêtements des « Instructeurs ».

Je crois même que si on lui donnait à choisir aujourd'hui, ce sont les « Instructeurs » tout court qu'elle mettrait à bouillir, vêtements compris.

« Gratis » clle dirait ! Aujourd'hui... Après tout ce temps passé à alimenter les jours de ses sourires et de ses rages, elle dirait : « Je vous les ébouillante gratis, et je vous rends les vêtements, pour qu'ils puissent servir à d'autres... Tandis qu'eux... »

Baï

Fatima Gallaire

Née à El-Arroch, dans le Constantinois, en Algérie. Études de lettres à Alger, études de cinéma à Paris, où elle vit depuis 1975. Elle a publié des nouvelles et des pièces de théâtre, traduites en plusieurs langues.

Princesses a été montée par Jean-Pierre Vincent au théâtre des Amandiers de Nanterre en 1991.

Derniers titres parus :

Au cœur la brûlure, théâtre (L'Avant-Scène, 1993).

Les richesses de l'hiver, théâtre (L'Avant-Scène, 1996).

— *Bèbèkem mèchy... Bèbèkem mèchy...*

Votre père s'en va... Ainsi parle Tawtawa, la première Nourrice.

— *Ouèyène Kem ?*

Où êtes-vous ?

Nous sommes cachés près de la porte de Mère qui, ce matin, ne s'est pas manifestée. Hamid-le-Noir et Moi-la-Blanche, nous avons négligé notre petit déjeuner : Dawia ne s'est pas montrée ce matin. Elle ne s'est pas levée. Elle est bien malade. Habitués à ces éclipses, nous sommes inquiets, malgré tout. Mais c'est l'heure du Père : il part au travail et il convient de le saluer. Peut-être même nous donnera-t-il quelques nouvelles de la santé maternelle ?

— *Baïda ?*

Nessa, la seconde Nourrice relaie l'appel de la première.

Que faire ?

Ouvrir silencieusement la porte de la Malade ne

serait-ce que pour diagnostiquer, à l'oreille, l'état de sa respiration, selon le cas, laborieuse ou sereine ou bien... obéir ?

Nous sommes les Aînés, le Noir et Moi, de tous ceux qui viendront après nous et nous savons déjà que le meilleur choix est toujours d'obtempérer.

Après un regard d'intelligence, nous nous extirpons de notre réduit, vers la haute silhouette de notre Père.

Il se tient devant la porte réservée aux Hommes, celle qui donne directement sur le village.

— *Baba !*

— *Baba !*

Il nous soulève l'un après l'autre pour nous donner l'accolade d'amour.

— *Baï... Baï Laâziz...*

Ainsi, nous nommera-t-il, indifféremment, tout au long de sa vie : *Baï !* Père... Ou plutôt avec l'indispensable nuance d'affection : Petit Père... Petit Père Chéri...

Les Nourrices fondent en silence.

Après ce bref intermède ludique, Père nous pose à terre délicatement. Il nous caresse du regard tandis qu'il s'adresse aux Nourrices pétrifiées :

— Ils pourront voir leur Mère... Après le goûter du matin.

— Oui, Mon Seigneur !

— Oui, Mon Seigneur !

Bien plus tard, je comprendrai qu'elles tremblaient d'amour pour lui, d'un sentiment souterrain et terrifié qui aurait été jusqu'au sacrifice.

Nous sommes heureux, le Noir et Moi, de cette permission inattendue ! Voir notre Mère avant le soir, moment de grâce où les « Djinns » mauvais relâchent enfin leur étreinte ? Alors seulement elle peut se lever pour entrer dans le monde des vivants.

Il part.

Il est parti. Le Maître de la Maison.

Chaque Nourrice saisit « son » enfant par la main et nous voilà revenant, de la porte des Hommes dûment verrouillée, jusqu'à la cour.

— *Ksira ?*

— *'Odaïma ?*

Les Nourrices se font Sirènes.

— Petite galette ?

— Petit œuf ?

Elles savent tout de nos gourmandises.

En cet instant d'arrêt où tout semble se figer délicieusement dans l'attente de la gâterie, les deux femmes jouent parfaitement leur rôle maternel et tout au long du jour, du mois et de l'année, chercheront à satisfaire nos volontés enfantines, pour que nous les aimions toujours. Elles y réussiront !

— Je vois, dit Tawtawa, que vous ne tenez pas en place.

Son sens de l'observation a toujours eu la densité de la pierre.

— Avez-vous quelque bêtise en tête ? surenchérit Nessa qui accorde souvent son humeur sur celle de la première Nourrice.

Le Noir ne dit rien. Moi non plus.

Mon petit frère et moi n'avons pas toujours besoin de nous regarder pour nous concerter. Aujourd'hui, nous savons ce que nous voulons. Quand nos gardiennes d'amour vont-elles relâcher un peu leur vigilance ?

Quand elles seront occupées à la toilette de Mère ?

Ou bien à recevoir les mendiantes du jour ?

Notre désir d'enfant est d'aller voir du côté des ouvriers, arrivés tôt ce matin, pour travailler à monter les murs de la nouvelle maison ; en réalité une grande aile ajoutée aux vieux bâtiments en U pour multiplier l'espace de vie et le fermer.

Mais notre gourmandise prend le pas sur notre curiosité : nous voilà très occupés à attendre la cuisson de la première galette dont nous recevrons chacun un morceau triangulaire et brûlant, à croquer sur l'heure.

Nature ou bien enrichi d'une noix de beurre, le triangle plat de pâte dorée s'enrichira, un peu plus tard, de l'œuf cuit à sec, violemment mais brièvement sur le plateau de terre surchauffé.

Le goûter du matin. Privilège d'un jour sans
école.

Le temps a dû passer, malgré la promesse lumineuse de ce jour. Demain, c'est le solstice d'été.

Mais les Nourrices savent les devoirs de chaque
moment :

— À présent, allez voir votre Mère, disent-elles
en chœur.

C'est un rituel qui nous émeut, nous fait souffrir. Cependant, nous ne songeons jamais à nous
dérober. Il m'en restera un rêve inassouvi : avoir
une Maman comme tout le monde : Debout !

Mais — perspective effroyable — si les ouvriers
partaient avant midi ? Ne serait-il pas plus judicieux d'aller voir le chantier au plus tôt ? Qui peut
dire ce qu'il arrivera dans la journée ? Nous en
serons peut-être empêchés !

Gagner du temps, donc. Je prends ma voix
plaintive, celle qui tire sur la fibre maternelle à vif
des deux femmes.

— Nous n'avons pas bu !

Les Nourrices disparaissent à la recherche de
cruches d'eau et de petit-lait.

Très vite, j'articule plus que je ne dis :

— Après la sieste !

Hamid-le-Noir cille. Il a compris.

La fin juin est déjà caniculaire. La pénombre de
la chambre maternelle est agréable, apaisante.

— Approchez, dit Mère d'une voix douce.

Je m'avance la première, aînée absolue. Hamid, discret et quasi invisible, tient la rosace de ma ceinture en tissu pour se donner du courage. Il garde les yeux à terre, je le sais, et n'affrontera qu'au dernier moment les ravages du visage bien-aimé.

Mère ouvre lentement ses bras, je m'y engouffre usant d'un droit d'aînesse qui, plus tard, me servira si peu ! Le Noir fait preuve, quant à lui, d'une grande patience, qualité qui lui est venue très tôt et dont il fera, dans la vie, un grand usage.

Mère s'enquiert de notre santé — un comble ! — et de notre appétit. Elle parle indifféremment l'arabe et le français, dans un murmure égal qui se brise parfois. Nous répondons, le petit frère et moi, nous volant la parole pour arracher un semblant de sourire au masque de la douleur. Et nous enjolivons notre discours de vols d'hirondelles, de chants de cigales, de fruits trop mûrs, d'indigo et de turquoise venus du ciel et de lumières innombrables. Mère sourit. Non, elle rit !

Alors nous renchérissons :

— Nessa s'est brûlée avec la galette !

— L'œuf de Tawtawa était tout noir. Cramé !

Comment oublier ces chuchotis, ces rires en sourdine, ces moments faits de rien mais si forts, si forts que la maladie elle-même semble reculer ? Deux silhouettes de Nourrices bougent imperceptiblement derrière la porte, dépitées de se voir momentanément exclues.

— Tu as le droit de tricoter. Te voilà en vacances, non ? Tu as le temps.

Mère se tait avant d'ajouter :

— Tu ramasseras toujours tes aiguilles ? C'est promis ?

Sa main cherche la mienne, la trouve et la garde.

— Moi je n'ai pas le temps, déclare Hamid, effrayé à l'idée de devoir tricoter jusqu'à la rentrée des classes, qui serait, cette année, la sienne aussi.

— Il faut que je m'occupe de mon camion. Il me manque encore du liège...

La main maternelle abandonne doucement la mienne, cherche la menotte de son fils, la trouve et la garde.

Elle vient de nous saluer.

Nous quittons la chambre à reculons, attentifs à sa respiration, devenue régulière.

— Il y a des rubans, dit Nessa dans le couloir.

Tawtawa referme la porte de la Malade. Moi, je suis un peu perdue.

— Des rubans ? Pour quoi faire ?

— C'est jour de lessive, voyons ? Tu as oublié ?

Je ne regarde pas le Noir mais je sais que, tout comme moi, il se retient de ne pas hennir de joie.

Jour de lessive ? Cela signifiait deux choses pour nous : tout d'abord que Mère allait mieux. Bien mieux. Car on n'entreprenait jamais de travaux aussi bruyants — joyeux ? — les matins où son état s'aggravait. Ensuite, les Nourrices qui, en réalité, avaient la charge de toute la maison, ces chères Nourrices seraient fort occupées. Elles auraient à préparer le savon noir, les lessiveuses, les ustensiles divers. Débarrasser la buanderie, accueillir les laveuses de linge et leur indiquer leur tâche respective.

À un moment ou à un autre de la journée, elles nous oublieraient. Oh ! un bref moment ! Mais il serait suffisant pour couronner de succès les reptations successives que nous aurions effectuées vers le chantier interdit.

— Trop dangereux ! avait décrété Père.

Le petit échafaudage est cependant bien séduisant : modeste dans sa conception, il offre une base solide à nos rêves d'élévation.

— Mmmm... Que je suis contente !

Je pépie hypocritement à la face réjouie de Nessa :

— Il me faudra beaucoup de savon ! Je pourrai avoir beaucoup de savon ?

Le Noir sait qu'il doit partir en éclaireur pendant que j'entretiens l'écran de babillage et proteste — pour la forme — avant de s'éclipser :

— J'ai mon camion à finir, moi !

Sa présence n'est pas indispensable aux travaux des femmes.

— Du savon ! Du savon ! clame Tawtawa. La dernière fois, tu en avais jusqu'au ventre ! Quel gaspillage !

Je me fais tout sucre tout miel :

— Je veux laver aussi les foulards ! Je suis grande, maintenant !

— Et si nous sortions les tapis... ? En ce jour sans souci, nous pourrions même commencer...

Mais je n'écoute plus. J'observe le va-et-vient fébrile des deux Nourrices entre la cour du haut et la buanderie, la cour du bas et la porte d'entrée des Femmes qui donne sur une sente envahie de ronces et d'orties.

J'observe en frottant vaillamment les bouts de tissu multicolores qu'on veut bien m'octroyer. Je suis bien calée sur mon banc de bois, les genoux appuyés au grand tub de cuivre, les bras plongés dans l'eau savonneuse.

Je mets tant de cœur à l'ouvrage que je ne vois pas le temps passer. La lumière implacable du zénith s'est adoucie et les ombres s'allongent. Le brouhaha des voix s'estompe. Nessa et Tawtawa sont tellement heureuses de bavarder avec ces travailleuses qui viennent du dehors, les gavant de nouvelles du monde, qu'elles m'ont oubliée. Elles nous ont oubliés.

Je me lève lentement, frappant ma jupe pour la libérer d'un reste d'eau. L'air est tiède, la lessive sera bientôt terminée.

Si j'en crois le vague murmure qui parvient à mes oreilles, toutes les femmes sont dans la cuisine à s'enivrer de café avant la dernière reprise du travail. Il est temps de m'échapper.

Je m'échappe.

Le soleil dessine de jolis entrelacs à travers l'échafaudage fragile. Je suis éblouie par ses rayons obliques lorsque j'appelle en murmure :

— Hamid ! Hamid !

— Non ! hurle le Noir. Pas par là !

Il est trop tard : une brique, plus exactement un parpaing de gravier vient de se desceller de sa gangue fraîche de ciment.

Je ne vois rien malgré la main que je porte en visière, mais je sens tomber lourdement, sur mon pied nu, le projectile inattendu.

La douleur est fulgurante et j'en perds l'équilibre.

Cris et cavalcades me parviennent amortis par l'immensité cotonneuse qui m'entoure. Je discerne mal les visages, mais je devine qu'on me manipule délicatement et qu'on me transporte à l'intérieur de la maison. Me voici installée dans cette pièce spartiate qui sert aux hôtes de passage.

Le Noir a disparu.

Nessa me serre convulsivement tandis que Tawtawa reste discrète dans ses débordements lacrymaux. On attend le Père, qu'un gamin, à peine sollicité, est parti chercher.

Je m'assoupis un peu. La douleur est sourde mais supportable.

Entre veille et somnolence, je souris au visage inquiet de Père, penché sur moi.

— Oh ! Il va l'avoir !

— Quoi ?

Ma curiosité est plus grande que ma faiblesse.

— Sa raclée. Il va l'avoir, sa raclée !

— Qui ?

J'aurais dû deviner.

— Ton frère ! Il est monté là-haut ! Sur les échafaudages ! Je vous avais interdit de le faire et même de vous en approcher.

— Moi aussi... Je... suis... montée.

— Ah ?

Dans le souffle qui me reste entre douleur, espérance et peur, je défends le compagnon de mes jeux, de mes enthousiasmes et de mes frayeurs.

Nessa, un simple foulard sur la tête, est allée à la recherche du Rebouteux dont le diagnostic est infaillible. Autorisation exceptionnelle.

Mes idées s'ordonnent lentement.

Le Noir ne doit pas être loin. Il va essayer de s'approcher pour savoir. Il faut lui faciliter ce retour discret.

Je me plains de la lumière violente du couchant qui me coupe les yeux.

Tawtawa s'empresse d'aller refermer les volets. Père sort à son tour.

Père doit sans doute attendre dans la rue, devant

la porte des Hommes, laissant passer l'heure de la prière.

Je m'assoupis un peu. La fièvre me brûle, se propageant à l'oreiller sur lequel repose ma tête et celui sur lequel se trouve mon pied endolori. Le châle de soie maternel que j'ai réclamé me sert de couverture. Je compatis à la peine de la première Nourrice qui s'occupera seule de la traite des vaches, ce soir.

La maison devient silencieuse comme pour ne pas contrarier les mauvais génies. Ma mère a-t-elle été perturbée par tout ce remue-ménage ?

Je m'inquiète de savoir si quelqu'un a songé à pousser sa porte pour la rassurer ? Sans doute !

Hamid me sourit dans la pénombre, son visage métis embelli par l'inquiétude.

— Ton pied est cassé ? murmure-t-il.

Je fais un effort méritoire pour garder les yeux ouverts et j'économise mes forces pour formuler plus tard quelques mots sous forme de conseils.

— C'est ma faute, s'accuse le Noir.

J'articule péniblement :

— Ap-pro-che et é-cou-te.

— Tu as mal hein ?

— Il ne faut pas rester. Il a déjà préparé... le... martinet. Repartir... Il faut. Va chez... chez... Tata Ja... Ja...

— Jamila ?

— Ne reviens que... demain. Va !

Plus tard, dans un sommeil troublé, j'entendrai la voix rassurante du Rebouteux. Je comprends qu'on me couvre d'un drap puis d'une couverture légère au crochet. Les nuits ne sont pas encore torrides.

— *Ouèynou Baï ?*

Où est Baï ? Où est mon Petit Père ?

Je dors d'un sommeil léger, fluctuant entre rêve et cauchemar, jusqu'au petit matin.

Et toute la nuit, à la limite de la conscience, j'entends une sourde berceuse : la voix, terriblement inquiète, de Père réclamant son petit garçon.

À LA CLAIRE
INDÉPENDANCE

Mohamed Kacimi-El-Hassani

Né en Algérie, en 1955 à la Zaouïa d'El Hamel (Hauts Plateaux). Il vit à Paris depuis 1982. Il a publié des recueils de poésie, traduits de l'arabe, en collaboration avec Guillevic et Bernard Noël, ainsi que des anthologies poétiques dont :

Mémoire verticale, anthologie de la poésie yéménite moderne (Aires, 1993).

Il a publié des essais, entre autres :

Naissance du désert, avec Chantal Dagron (Balland, 1993),

des romans, dont :

Le mouchoir (L'Harmattan, 1987).

Dernier titre paru :

Le jour dernier (Stock, 1996).

Il collabore à diverses revues littéraires et à France-Culture.

1962, Théâtre (Actes Sud-Papiers, 1998).

À la claire fontaine
m'en allant promener...

Tous les matins, aux alentours de huit heures, nous l'entendions ce chant. Il montait de la classe des CM2, du fond du couloir de l'école de garçons d'El Hamel. Un village, ou plutôt un immense monastère d'Islam, avec, pour chœur et cloître, un cimetière qui grandissait de jour en jour. Non parce qu'on y mourait beaucoup, mais le lieu dit *saint* attirait tous ceux qui venaient y enterrer les leurs pour les rapprocher davantage du paradis.

El Hamel, point minuscule sur la carte d'Algérie, quand, passé le littoral, celle-ci cesse d'être verte et devient jaune (c'est la fin du Tell, la fin des arbres, des montagnes et des pluies), annonce la naissance de la steppe et de la soif qui commence à la ville voisine, Bou Saâda, surnommée par les géographes « Porte du désert » et par les poètes « Cité du bonheur ».

Il montait, le chant, couvrait le préau, envahissait le cimetière, dépassait parfois même le minaret. Son écho retentissait au pied des collines proches du village, « les collines de la strangulation », puis se perdait au loin du gué d'El Hamel, dans le lit sec de l'oued, entre pierres et sable.

À l'aube, la voix du *mu'addhin* me secouait : *Dieu est le plus grand… la prière est meilleure que le sommeil, la prière est meilleure que le sommeil.*

Il fallait, yeux clos, tablette de bois sous le bras, courir vers l'école coranique. Là, assis avec les autres en demi-cercle autour du maître, je répétais deux heures durant les versets du *Coran glorieux*.

Passé l'averse de la parole divine, j'enfilais ma blouse grise, et j'échangeais ma tablette de bois contre mon cartable, puis je dévalais le chemin du cimetière menant à l'école. L'école de la République était aussi étrange que celle de Dieu. Nous étions alignés deux par deux, bras droit tendu, l'extrémité des phalanges devant effleurer mais jamais se reposer sur l'épaule du camarade. Puis il fallait rentrer en ordre, rester debout jusqu'à ce que l'instituteur prononce les formules magiques : *assis, ouvrez les cartables, sortez les cahiers, mettez les mains sur la table.* Dans un silence absolu, il passait au milieu des rangs et vérifiait la propreté des ongles de chacun. Venait ensuite la corvée d'encre. L'ordre alphabétique désignait l'élève chargé d'aller, sous le préau, dissoudre la poudre indigo dans une grosse bouteille munie d'un bec verseur. Souvent il revenait les mains entièrement bleues remplir les encriers des pupitres.

Une fois les plumes trempées, il restait une autre épreuve : « tracer le tableau » noir à trois battants. L'exercice était des plus délicats. Il fallait d'abord enduire de craie une longue ficelle, puis deux élèves la tiraient de part et d'autre du tableau, un troisième, après s'être assuré de la justesse du niveau, la pinçait alors comme la corde d'un arc avant de la relâcher contre la surface plane sur laquelle s'imprimait une ligne blanche. À la fin de l'opération, plusieurs fois répétée, le tableau devait ressembler à nos cahiers *Atlas* « double-ligne » dont la couverture portait un lion rugissant.

Entre-temps, montait de la classe des CP1, non pas un chant, mais des cris syncopés, A.E.I.O.U... A.E.I.O.U., tandis que les CM2 changeaient de répertoire :

> *Frère Jacques, frère Jacques,*
> *Dormez-vous, dormez-vous,*
> *Sonnez les matines, sonnez les matines,*
> *Dig ding dong, dig ding dong.*

(J'avoue aujourd'hui que la perplexité profonde dans laquelle me plongeait ce *dig, ding, dong*, inintelligible n'a pas été égalée, depuis, par une autre expression de la langue française.)

L'ordre que je viens de décrire était banal pour l'époque, seulement l'histoire se passe en septembre 1962. Je rentrais en cours préparatoire deuxième année. L'Algérie était devenue indépendante au mois de juillet.

L'Indépendance. J'écris ce mot, et je vois les femmes, un mois durant, dans les cuisines faire des gâteaux. Il y en avait partout, sur les terrasses, les cours et dans les chambres. Elles dessinaient aussi et brodaient des drapeaux algériens. Aucun ne ressemblait à l'autre, chacune inventait à sa guise l'étoile et le croissant qu'elle rêvait, ou choisissait le blanc et le vert qu'elle aimait.

De la ville et des montagnes, des hommes sont venus, en treillis. Ils avaient des armes, et beaucoup portaient des calots, mot que je n'ai plus entendu depuis ce moment-là. Je ne peux les décrire davantage. Enfant, ils me semblaient descendre du ciel.

C'est des gueux, des roturiers, des paysans, ils peuvent nettoyer une écurie, labourer un champ, mais pas diriger un pays, criait depuis des jours dans les couloirs, le cheikh de la Zaouïa, mon grand-père et seigneur de la région. Il parlait peut-être des colons ? À la veille de l'indépendance, il désigna du doigt la plus chétive de mes cousines, Atika, qui jouait dans la cour, et dit aux femmes « demain soir, c'est elle qui hissera le drapeau ».

Demain, 5 juillet 1962 arriva. Une tribune fut hissée devant la mosquée d'El Hamel. Tous les officiers du F.L.N. de la région étaient là. Des milliers de drapeaux et de gâteaux se déversaient sur la place du village. Je me vois sur les photos à côté du colonel Chaâbani, responsable de la wilaya du Sud, qui sera plus tard fusillé par Ben Bella. Mon père me pousse dans les bras du héros qui me soulève, m'embrasse, me repose, enlève sa mitraillette et me la met sur l'épaule. À cet instant retentit *Kassaman*, l'hymne national. Larmes d'hommes et youyous des femmes qui, dans l'obscurité depuis les toits, suivaient de loin l'Histoire. Le poids de l'arme me fait vaciller, je tombe. Dernière image, à travers la rangée de bottes des officiers au garde-à-vous, je vois ma cousine en robe blanche, socquettes blanches, foulard vert et rouge autour du cou, épuisée, à genoux, accrochée à la corde, usant ses dernières forces pour hisser le drapeau algérien jusqu'au sommet.

Et la fête se dissipa très vite. Le lendemain, les « Maquisards » prenaient le chemin de la capitale. La steppe retrouva alors son inertie, le soleil ses ravages et l'oued demeura sec. Au milieu de tant de vide, flottait heureusement notre drapeau. Le drame survint à la rentrée, quand on nous réveilla par un matin de septembre pour nous mettre le cartable sur le dos et nous indiquer le chemin de l'école.

— Comment ! Nous ne sommes plus indépendants ?

— Mais si !

— Alors pourquoi aller à l'école ?

— Pour apprendre, répondaient les adultes.

— Mais à l'école coranique on apprend la parole de Dieu.

— Ça c'est pour avoir une place au paradis.

— Mais pourquoi retourner à l'école de la France ?

— C'est pour avoir une place dans l'administration !

Comme tous mes camarades, je repris le chemin de l'école. Tous les instituteurs français étaient là, ainsi que le nôtre, monsieur Mefrein, pareil à lui-même, gravure arrachée d'un manuel de la troisième République, collier de barbe, blouse grise, et une pipe jamais garnie. Mais en cette première année d'indépendance, quelque chose avait changé, il avait remplacé sa baguette en bois par une règle en fer.

Et les CM1, passés en CM2, chantaient à leur tour *À la claire fontaine*.

À vrai dire, nous crûmes tous à un malentendu, c'est pourquoi des semaines durant nous n'avions pas cessé de harceler les adultes :

— Mais c'est quoi l'indépendance ?

— La France est partie !

— Mais nous on ne l'a jamais vue ici la France...

— Nous si, vous saurez cela plus tard.

Ils nous chassaient sans autre explication avant de replonger dans les récits de leurs exploits de guerre.

Sourde à l'indépendance, l'école continuait de plus belle, rangs, dictée, calcul, coups de baguette, écriture, lecture.

Un jour, à la récréation, une vieille en guenilles s'accrocha à la grille de l'école en criant très fort : « Le colonialisme a quitté tout le pays, sauf mon ventre, Dieu, disait-elle en regardant le ciel, que j'ai faim ! »

Son cri éveilla dans nos consciences mille questions : et si nous étions pareils à elle ? Et si la France avait quitté tout le pays sauf notre village ? Et si tous les autres enfants d'Algérie étaient en train de courir à travers les champs au lieu d'être debout sur l'estrade face au tableau noir ? Et si notre village était le seul, le dernier, à accueillir un instituteur en blouse grise, avec un collier de barbe, qui frappe quand on fait des fautes ?

Chacun a dû se poser la question durant la nuit, car le lendemain, à la fin de l'école coranique, notre classe de CP2 était d'accord pour élucider ce mystère. Mais comment ? Les anciens, bien plus âgés (à l'indépendance on pouvait s'inscrire à l'école à n'importe quel âge) trouvèrent une solution :

— Il suffit d'aller à la ville se renseigner.

Seulement, quinze kilomètres nous en séparaient, et le seul bus, celui de la famille Ben Kayyar, partait à l'aube, à l'heure où nous apprenions le Coran.

— Nous ferons la route à pied, dirent les grands.

— On sera vite repérés, hasardèrent les petits.

— Pas si on prend le chemin de l'oued, dirent les enfants du berger, nous on le connaît par cœur.

L'aventure devenue inévitable, les petits firent timidement part de leurs frayeurs, ou plutôt de celles qu'ils tenaient des adultes :

— Grand-mère m'a raconté qu'au-delà du genévrier qui marque l'entrée d'El Hamel commence le territoire des Djinns.

— Moi, mon père m'a dit que la France a laissé des bombes partout autour du village.

— Grand-mère m'a dit que l'oued fait toujours semblant d'être sec et dès qu'il sent les enfants il se met en crue et les avale.

— Grand-père m'a dit qu'à la sortie d'El Hamel, le soleil descend si fort sur la tête qu'il brûle les cerveaux.

Devant tant d'arguments, il y eut un silence dans notre groupe. Sentant notre réticence, les « dou-

blants » et les « redoublants » repartirent à l'attaque :

— Mais de quoi vous avez peur ? Par Dieu, on
vous jure qu'à Bou Saâda on trouvera des enfants
en liberté, courant dans les rues du matin jusqu'au
soir, de vrais enfants de l'indépendance, pas comme
nous, des colonisés. Alors, on dira à nos parents
qu'on sait la vérité et ils seront obligés de nous
libérer comme le reste de l'Algérie.

L'idée d'une libération si proche enchanta tout
le monde ; une voix proposa :

— Et si au lieu d'y aller tous ensemble, on faisait deux groupes : nous on se cache ici et les
anciens vont à Bou Saâda pour voir.

La réplique tomba sèchement :

— Tu n'as pas d'honneur ! Comme nos parents
qui sont montés ensemble au maquis et en sont
redescendus ensemble le jour de l'indépendance,
nous irons tous à Bou Saâda, et nous reviendrons
tous libres de Bou Saâda.

Notre honneur était en jeu, nous ne pouvions
plus reculer.

Les anciens marchaient en tête du cortège, portant fièrement le drapeau algérien. Ils brandissaient
avec orgueil les petits carrés de papier vert-blanc-
rouge qu'on nous avait offerts pour la fête du
5 juillet, et notre classe, poing levé, au pas cadencé,

chantait à pleine voix l'hymne national au milieu des dunes et des rocailles.

Par le sang pur et abondant
Par les montagnes hautes et culminantes...

Malgré le mois d'octobre, le soleil nous marchait sur la tête.

Nous avions à peine fait un kilomètre que la nostalgie de l'école commençait à s'emparer de certains des maquisards.

— On a faim, il doit être dix heures, les autres sont en train de tout manger.

À l'époque, l'école, sans doute pour nous appâter, nous offrait un casse-croûte à la récréation : un verre de lait, une demi-baguette et deux barres de chocolat.

Toujours en tête du cortège, les anciens, nos Moïse, demeuraient sourds aux récriminations du petit peuple. La Terre promise était à portée de main, il fallait continuer.

Alors nous arrivâmes devant de grands rochers qui barraient complètement le lit de l'oued. Nos guides s'arrêtèrent.

— Impossible d'aller plus loin.

Ils ne connaissaient plus la route.

Perdus et affamés, les petits, en larmes, voulaient rebrousser chemin. Mais la volée de pierres des anciens nous obligea à escalader très vite l'obstacle.

Arrivés en haut, nous vîmes, quelle manne ! une grande mare.

De l'eau, non pas par poignées de main comme on en avait l'habitude, mais de l'eau capable de couvrir un corps en entier, amassée là entre les rochers, échappée au soleil, avec même, au fond, de minuscules poissons qui brillaient comme des douilles neuves.

Subjugués, nous avançons vers elle, nous relevons nos gandouras, et lentement, de crainte qu'elle ne s'évapore, nous y plongeons d'abord la pointe des pieds et puis les jambes. Un air d'indépendance souffle sur nous. Heureux, essuyant nos larmes, nous nous baignons dans l'eau, les galets et l'ombre, jusqu'à trouver la suite de la chanson :

> *J'ai trouvé l'eau si belle*
> *Que je m'y suis baigné.*

Nous oubliâmes le chemin de Bou Saâda, nous étions déjà libres.

Je ne sais combien a duré cette ivresse, une heure peut-être, ou une éternité, le temps que de grands cris nous en arrachent. En haut du ravin, tout le village était là, rassemblé derrière le garde champêtre et le maître d'école coranique. Ils nous avaient pistés comme des chèvres et notre chant avait trahi notre présence. Cernés, nous essayâmes de faire comprendre notre révolution aux adultes, répétant la question à laquelle ils refusaient de répondre depuis l'indépendance : « Mais pourquoi aller à l'école française, puisque nous sommes libres ? »

Entre gifles et coups de pied, la réponse nous parvint :

« On ne fuit pas l'écriture, on ne fuit pas l'écriture. »

C'est ainsi que dans notre Sud on désigne l'école, on ne va pas à l'école, on va à l'écriture. On ne fait pas l'école buissonnière, on échappe à l'écriture.

Nous sommes ramenés vers l'école, vers notre classe. Monsieur Mefrein nous attend devant le portail. *En rang, deux par deux, avancez, entrez, assis.* Il passe au milieu des rangs. Silence et reniflements. Visages tuméfiés cachés entre les bras. Pupitres humides. La voix de l'instituteur nous fait trembler.

— Alors, pourquoi n'êtes-vous pas venus en classe ce matin ?

Long silence.

— Je compte jusqu'à trois, sinon ce sera vingt coups de bâton pour chacun et sur le bout des doigts, cette fois-ci.

Par-dessous nos bras, nos regards supplient les anciens. Les secondes passent. Monsieur Mefrein

avance vers la première table de la première rangée, l'ordre de punition est toujours respecté.

— Bon, on commence.

Le camarade ferme les yeux, serre les doigts. Au
fond de la classe, un ancien se lève.

— Moi, Monsieur.

L'ancien avale sa salive, hésite et finit par lâcher :

— Monsieur, on n'est pas venus à l'école, car
on a dit pour quoi faire le français puisque la
France est partie.

Surpris, bouleversé, stupéfait, monsieur Mefrein
pousse un profond soupir, laisse tomber la règle, et
du haut de l'estrade nous dit :

— Vous avez vraiment cru que le français,
c'était fini ? Mais bande de *gagayouzes*, espèces de
chenapans ouvrez bien vos oreilles, c'est maintenant que tout va commencer.

Au même moment, le chant des CM2 emplissait
la cour :

> *Il y a longtemps que je t'aime*
> *Jamais, je ne t'oublierai.*

Apocalypses

Jean-Pierre Millecam

Né à Mostaganem, en Algérie. Études de philosophie et de lettres. Favorable à l'indépendance algérienne, il est victime d'un attentat le 12 mai 1956. De 1956 à 1993, il vit au Maroc et en Algérie, avant de s'installer en France en 1993. Il publie un cycle romanesque dont Lancelot, son double apocryphe, est le héros. Cette *Quête sauvage* comporte plusieurs chapitres algériens, dont :

Et je vis un cheval pâle (Gallimard, 1978)

Une légion d'anges (Gallimard, 1980).

Derniers titres parus :

Le défi du petit archer (La Table ronde, 1988).

Longtemps je me suis douché de bonne heure (La Table ronde, 1990).

Ismaël et le chien noir, texte accompagné par Mohammed Azouzi, *Nouvelles du Maghreb* (Al Manar éd., 1998).

À Jules Roy

Souvent, la nuit, à la faveur de l'insomnie, me reviennent les lieux, les visages de mon enfance. Les hommes, le ciel, le rivage me sont rendus : je me dresse sur mes petites jambes face à la saignée du ravin. De l'autre côté de l'Aïn-Sefra, Tijdit, la ville arabe. Ma vision embrasse, au-delà des marées de roseaux, les échancrures de la côte jusqu'au dje-bel El Diss — à mes yeux : un lion à l'heure de la sieste. Mon regard se tourne alors vers le bleu pro-fond, royal, de la mer. Le flot, d'un bout à l'autre de la baie, entre Arzew et la Salamandre, se trans-forme en un vaste miroir : j'y pressens l'image de ma destinée. Car je suis né pour traquer les choses au-delà du tain, pour contempler les lieux et les hommes dans leur fragile éternité : ma plume, un jour, les arrachera aux « chiens écrasés » des médias pour en faire les décors et les héros de gestes modernes.

Et mon regard plonge plus loin, plus profond. Il descend dans les entrailles de la mer, je pénètre dans des époques où je n'ai pas vécu : grand-père, au volant de sa voiture, m'explique que, au-delà du cap Ivi, est engloutie une ville romaine que l'on pourrait apercevoir par temps clair. Nous saluons en passant les murs ensevelis, les hommes qui dorment parmi des légions de poulpes et de requins, et grand-père m'apprend que la côte est volcanique, qu'elle glisse vers la mer, que les eaux, alors, se ruent vers le rivage qu'elles submergent : un jour elles ont déferlé par-dessus la jetée du port, noyé les docks, emporté la paperasse des bureaux administratifs. Dès lors, pour la jeune chimère qui m'habite, un œil est braqué sur nous, sur nos démarches, tandis que nous mangeons, dormons, jouons aux billes ou récitons nos leçons. Cet œil embrasse l'immensité du ciel : il ne cessera d'accompagner ma démarche jusqu'aujourd'hui. Constamment j'éprouverai la rigueur de ce regard braqué sur moi, mais aussi son indulgence : il m'enjoindra d'écrire, de porter témoignage, de poursuivre l'archétype sous l'apparence, les lignes de force sous la limaille, l'unique sous le multiple.

Car tout est dit, déjà, dès le berceau. Ce berceau, ce sont les lieux et les circonstances qui président à votre naissance. Ce sont les hommes et les visages qui, dès votre premier cri, se penchent sur le nouveau-né. Pour moi, dès mon jeune âge,

Mostaganem, l'Algérie sont le sanctuaire semblable à la matrice originelle, à l'Éden qu'il me faudra quitter un jour pour me souvenir, pour adorer — au-delà de la splendeur, au-delà de l'horreur, dans la pourpre du sang répandu. Homme, souviens-toi du ventre de ta mère, de l'Éden perdu !...

Si je remonte le cours de l'enfance, à travers quelle jungle s'égare mon chemin, quel inextricable fouillis de moments épars, d'îlots que ballotte la marée fendue par ma pagaie ! Ici, nul sens à cette remontée vers la source, nulle destinée, nulle ligne de force. Voici grand-père — l'autre, non celui qui m'expliquait le cap Ivi et la ville engloutie, mais celui dont je porte le nom : le petit homme un peu raide, pétri de bonté, de dignité, de modestie : celui qui n'avouera jamais qu'il est le fils d'un duc et pair du Royaume-Uni et qu'il compte parmi ses ancêtres le vainqueur de Napoléon à Waterloo. Benaouda est au volant de sa voiture. Trépané comme je le serai un jour, grand-père s'interdit de conduire. La voiture tourne à l'angle de la maison avant de se garer devant la cave. Grand-mère interpelle le chauffeur : « Benaouda, veux-tu m'aider à creuser cette tranchée ? — Oui, madame ». Et voici grand-mère, son teint de blonde Andalouse qui tourne à un blanc de crème fouettée : elle dirige les travaux du chauffeur qui abdique devant elle son silence d'écorché (il souffre de son teint bistre, lui dont l'âme est aussi délicate que les traits sont purs). « Madame, cette tranchée a maintenant trois mètres de profondeur. Si Mussolini vient lâcher ses bombes, ce sera l'enterrement gratuit... — Nous poserons dessus une plaque de fer, dit grand-mère. De cette façon nous survivrons... » Benaouda creuse, creuse. Il ne faut pas contrarier madame : les enfants méritent l'indulgence de ceux qui savent. Et la tranchée recevra sa plaque de tôle : quand la guerre sera terminée, elle continuera de traverser l'extrémité de l'esplanade devant la cave, à côté des épaves de vieux camions Renault en train de pourrir : un serpent, qui ne craignait pourtant pas les bombardements, s'était glissé dans les profondeurs, et plus personne n'avait songé à lui tenir compagnie, même pendant les alertes.

Et pourquoi pas l'image de ce champ de mauves piqué de coquelicots, ce périmètre où l'on célèbre mon mariage avec ma cousine ? Les mauves dépassent nos épaules, parfois nos têtes. Un nombreux cortège nous accompagne : frères, cousins et cousines, les enfants de Raisinville — ceux qui portent des sandales, ceux qui vont pieds nus. Nous sommes le point de mire de tous, courtisans ou simples spectateurs : les petits Espagnols, Maltais, Italiens et les autres, avec leur crâne rasé, le front où saillent leurs yeux bruns, ceux dont nous ignorons que le sol, voici un siècle à peine, appartenait à leurs pères. Innocents que nous sommes,

notre regard glisse sur leurs prunelles qui nous
pénètrent : leur sombre incandescence sert de
miroir au cortège. Et voici que les mauves
s'ouvrent sur les adultes furieux, sur les parents
déchaînés : le voile que la mariée traîne depuis la
tête jusqu'au tapis de coquelicots était, une demi-
heure plus tôt, le rideau de la salle à manger de ma
tante. Nous nous sommes pendus après pour le
décrocher. Au bout de la panique qui disperse le
cortège, une bonne fessée, pas de dessert !

D'autres images, d'autres encore. Cette enfance,
c'était l'Éden d'avant la faute. Pourtant, la faute
avait été commise quelque cent ans plus tôt. La
pomme avait été croquée à l'aube de l'Histoire, au
commencement du monde, sous ce ciel d'Algérie
et partout ailleurs, mais notre hermine ne portait
pas de trace des multiples salissures de l'univers, ou
si peu. Il y avait bien cette ville engloutie au large
du cap Ivi et les raz de marée qui venaient saper,
avec la côte, l'ouvrage des hommes. Mais ma
mémoire, à mon insu, s'était refermée sur d'autres
cataclysmes, d'autres apocalypses : « Oui, me disait
ma mère. Tu étais né depuis deux ou trois mois
seulement... » Elle cousait à mon chevet entre
deux chansons dont elle me berçait pour m'apaiser
tandis que s'éteignait une mauvaise fièvre : un faux
croup qui, depuis quelques jours, me retenait loin
de l'école. Il pleuvait, et mon regard portait le
reflet, le long des murs face à moi, des longs fila-

ments étincelants qui, sur les vitres, servaient de prisme à la lumière de la cour, du jardin et du puits. « Tu n'avais cessé de pleurer cette nuit-là, et même depuis la veille, quand les chevaux tiraient sur leur longe et finissaient par la briser avant de s'égailler dans les rues. Tu étais comme eux : tu pressentais la catastrophe... »

Ma mère parle : longtemps elle continuera à dévider ces paroles qui me bercent, qui emportent mon imagination, qui rythmeront ma démarche et mon ouvrage d'homme. C'est déjà l'incantation du flot qui déferlera sur ma vision du monde — une sape dont les accents prophétiques m'ouvriront la voie des apocalypses à venir : une invite à la psalmodie qui fait tomber les étoiles et vendange les hommes « dans la cuve de la colère divine ».

« Il pleuvait sans discontinuer depuis quinze jours. Le maigre filet de l'Aïn-Sefra ne cessait de gonfler : il arrachait aux rives en amont de grands morceaux d'argile que le flot noyait, il déracinait les arbres et les précipitait vers le cœur de la ville, et, à l'endroit où de simples buses, d'habitude, lui permettaient de se glisser sous la place du marché pour resurgir en aval du côté du ravin, il trouvait un barrage : les troncs, les branchages, la terre et les blocs arrachés avaient bouché le conduit, et les eaux ne cessaient de s'accumuler, de monter vers les rives, vers la chaussée. C'était un mardi, veille de marché, et tous les attelages étaient rassemblés sur le pourtour de la place, car les ventes devaient commencer tôt le lendemain... »

Tout le temps que maman parlait, puis, plus tard, lorsque sa voix continuerait de retentir, à travers mon sommeil, puis les veilles où le souvenir prendrait le relais de sa parole, les images du flot montant, du déluge avec son cortège d'éclairs, les tridents que la foudre plantait sur la terre et sur l'onde continueraient à menacer mon fragile esquif à la recherche d'eaux moins tumultueuses, de rivages où aborder dans la certitude d'une paix définitive.

« Le barrage a craqué dans la nuit du lundi au mardi, poursuivait ma mère : toutes ces eaux qui, depuis quinze jours, ne cessaient de s'accumuler, d'un coup, ont emporté le cœur de la ville, le marché avec les riverains dans leurs immeubles déracinés, non seulement sur la place, mais en aval : toutes ces maisons qui descendaient la pente de haut en bas du ravin. Les eaux déchaînées de l'Aïn-Sefra ont laissé un trou béant où les hommes croyaient s'acquitter de leurs activités hebdomadaires. »

Tandis qu'elle parlait, les images me poursuivaient — cette femme qui, dans le fracas de la ville éventrée, des toits qui s'écroulaient, s'était précipitée sur son balcon : les yeux pleins de la catastrophe, elle tournait les talons pour retrouver la chambre qu'elle venait de quitter. Et son regard ne rencontrait que le vide. De l'immeuble, seule la façade demeurait avec son balcon. « Elle avait, disait maman, passé toute la nuit à appeler au secours. Lorsque, au matin, on était venu la délivrer, elle était folle. »

« Tu pleurais, tu criais, tandis que le bruit, le vacarme amorti par la distance nous parvenait. Ailleurs, d'autres barrages craquaient : celui de Perrégaux, un ouvrage d'art cette fois. Quand il s'est écroulé, les eaux se sont ruées sur la ville qu'elles ont noyée. Leur force était telle qu'on a retrouvé une locomotive à cinquante mètres de la gare... »

Un jour, j'ai vu la mer se retirer sur des centaines de mètres, les rochers qui bordaient les plages de la Salamandre surgir soudain des profondeurs avec les poissons en train de se débattre dans les anfractuosités, en proie à l'asphyxie avant de gagner les flaques remplies de varech. J'ai vu la mer en furie revenir vers les sables qu'elle avait désertés, les tourbillons de l'écume qui se jetaient à mes pieds pour me rappeler la ville engloutie au large du cap Ivi. Plus tard, c'était le ciel qui se déchirait sous la vrille du cyclone, et les cabanons de bois, montés sur leurs pilotis, que le vent soufflait vers les vagues qui roulaient leurs flancs crêtés d'embruns, abandonnant sur le rivage la planche et la tôle mêlées à la ferblanterie des cuisines, à la faïence concassée, aux sommiers écrasés. Le lendemain le ciel était plus calme, mais les vagues refusaient de rentrer au bercail : seuls, les pilotis se dressaient contre l'écume, et, là-bas, à quelques mètres de la crique Alquié, un écriteau coiffait un piquet tordu, signalant, comme par le passé, *Les Heureux*, devant mes pilotis décapités.

Au collège, la cloche des récréations se mettait à sonner toute seule, les faux poivriers dansaient sur place, leur frondaison secouée comme dans un filet où se débattrait une pêche miraculeuse, les vitres volaient en éclat tandis qu'un mugissement montait du sol gagnant de proche en proche. Les façades se lézardaient. La terre continuait de glisser vers la mer, et le taureau furieux qui portait la planète, d'un coup de tête, la jetait d'une corne à l'autre.

À l'école, mes tympans étaient condamnés à capter des échos inconnus, et je me demandais ce que voulait dire : « Vive l'éclair ! » Mes parents questionnés répondaient : « Ce que tu as entendu, c'est *Vive Hitler !* » Que signifiaient ces inscriptions au goudron sur le mur d'enceinte, à l'extérieur : « Mort aux Juifs », « La France aux Français », « Blum et Viollette à la guillotine » ? Et : « No passaran », « À bas les fascistes » ? Que voulait dire Ascensi, un camarade que j'affectionnais, quand il s'étonnait : « Que fais-tu parmi les Éclaireurs ? C'est un ramassis de Juifs et d'Arabes. Viens chez les Scouts : là, on est tous fascistes ! »

Fasciste, cela revenait de plus en plus souvent

dans les conversations. Papa fronçait le sourcil :
« Comment ? Tu es deuxième de ta classe ? Et tu
te laisses devancer par un fasciste ! » Faute d'explication, ma raison trébuchait sur le mot, et je me
contentais de le porter en moi avec la menace qu'il
faisait peser — quelque chose qui rejoignait les raz
de marée, les tremblements de terre, les cyclones
dont la nature, sous mes yeux, était prodigue.

L'école, la rue tentaient de m'apprendre à haïr,
et je ne haïssais pas. Je n'avais aucune vocation au
mépris, plutôt à la tendresse, et je saignais lorsque
les gamins dont je partageais les jeux venaient à
moi, triomphants, les yeux explosant dans un
menu jet de vitriol : « Ça y est ! Ils ont guillotiné
Zaoui. Le sang du Juif a giclé à deux mètres de
haut ! » Et j'apprenais que Zaoui était un assassin,
mais que sa mort était célébrée comme une fête.

Puis, lentement, les mots, les regards prirent un
sens. Je vis mon grand-père, celui qui m'expliquait
la ville enfouie sous la mer, s'avancer en tête d'un
cortège derrière le cercueil de Gil Diego, assassiné
d'un coup de fusil par des colons dont il avait
refusé, avec ses camarades dockers, de charger les
tonneaux sur un bateau en partance pour la
France. Grand-père, coiffé de son panama imma-
culé, vêtu de son costume d'alpaga, s'appuyait sur
sa canne tout en levant le poing. Un œillet rouge
éclatait à sa boutonnière. Aux abords du cimetière,
les fascistes s'étaient mobilisés pour tirer sur le cor-

tège depuis la terrasse d'un immeuble en construc-
tion. Le cortège s'était dispersé pour mettre le feu à
l'immeuble, et la sirène, sur le beffroi de l'hôtel de
ville, avait retenti. Ma mère, mon jeune frère et
moi, après avoir vu passer l'enterrement, étions
assis sur un banc du jardin public. J'entends encore
aujourd'hui les lents hurlements de la bête d'apo-
calypse balayant l'atmosphère, le mugissement qui
nous poursuivait tandis que nous courions vers un
refuge : c'était le logis d'une amie de grand-mère
que venaient battre les échos des bagarres dans les
rues, les tables, les sièges des cafés que les manifes-
tants se jetaient à la tête, les coups de rasoir distribués dans la mêlée.

Plus tard, pendant la guerre, la présence de Pat-
ton et des G.I. cantonnés aux abords de la ville
devait y mettre bon ordre. Entre eux ils surnom-
maient Mostaganem le *Petit Berlin*. Car, avant le
débarquement des alliés, le salut hitlérien se prati-
quait dans les défilés : entre la mairie et l'église, le
long des arcades, on voyait s'avancer de longues
cohortes hérissées de bras tendus. Mais c'était le
faciès humain, surtout, qui faisait peur, et des sbires
au regard vengeur venaient arrêter les amis de
grand-père, frappaient à sa porte pour mettre sa
maison à sac. Dès qu'ils avaient tourné les talons,
grand-père et grand-mère remettaient le linge dans
les tiroirs, les papiers dans le secrétaire, et ils se

consolaient : grand-père était trop âgé pour être expédié en camp de concentration avec ses amis.

Longtemps la vérité avait sommeillé sous les charmes de l'enfance. Elle m'atteignait cependant par à-coups de plus en plus rapprochés, et je revois les hommes, lors de la mobilisation générale, emmenés dans leur caserne, avec les femmes qui les avaient suivis, mères, épouses, sœurs. Elles ne versaient pas de pleurs, mais elles portaient le deuil de leur village, de leur pays endeuillé depuis une centaine d'années, et certaines attendraient en vain le retour de ceux que la cause d'une patrie étrangère avait arrachés à leur bled, à leurs travaux, à leurs haillons. Je vois encore ma mère murmurer, face à leur spectacle : « Mon Dieu !... De la chair à canon !... » J'entends encore ces mots, car ils étaient nouveaux à mes tympans, et ils restent à jamais gravés dans ma mémoire.

Les apocalypses d'antan préparaient d'autres apocalypses, plus terribles encore : celles de la guerre d'Indépendance, qui n'est pas achevée à l'heure où j'écris ces lignes. Les unes ouvraient la voie aux autres.

Mais, au terme de ma trajectoire, après avoir été ballotté sur cette mer en furie, épargné par les vagues et les récifs, s'il convient que je me tourne vers un passé déjà long, c'est vers l'illusion de la paix, des zones d'inertie entre les phases de violences, que je porte mon regard. Et je retrouve

mon bonheur, une innocence à l'abri des flétris-
sures qui dévorent le monde. Il n'est pas de nuit où
ne me berce le regard de ceux qui m'ont aimé —
des miens, de mes amis, des ennemis que j'ai aimés
à leur insu — dans ce décor habité, magique, de la
Cité qui m'a créé, de la terre où amis et ennemis
dorment désormais, leurs cendres confondues dans
le limon généreux qui leur sert de linceul : Mostaganem, dont le diamant scintille au bord de l'eau,
lance ses appels de phare dans la dérive de l'Histoire.

QUAND LES OISEAUX SE TAISENT...

Jean Pélégri

Né en 1920 dans une famille de colons, implantée en Algérie depuis 1841. Il vit en France depuis 1967. Engagé volontaire en novembre 1942 (Corse, France, Allemagne). Études de philosophie et de lettres. En 1961, il tourne *Les oliviers de la justice*, en Algérie, d'après son roman publié chez Gallimard en 1959 ; il reçoit le prix des Écrivains de cinéma et de télévision, au Festival de Cannes en 1962.

Il publie des pièces de théâtre, des romans dont *Le maboul* (Gallimard, 1963), premier titre d'un cycle romanesque.

Dernier ouvrage paru :

Ma mère l'Algérie (Laphomic, Alger, et Actes Sud, 1989).

À paraître :

Les étés perdus, roman (Seuil, 1999).

Était-ce fin août, début septembre, je ne sais. Je sais seulement que l'été était encore là, que je devais avoir six ou sept ans, et que le temps des vendanges approchait. Dans la cave, qui s'étendait au bord des vignes comme un navire au bord d'un quai, tout se préparait pour le grand départ. Les couloirs résonnaient du bruit des pompes, les fouloirs-égrappoirs tournaient à vide, et, pour la réception du vin nouveau, tout était lavé à grande eau, les couloirs, les cuves, les wagons des pressoirs, les pastières qui transporteraient le raisin.

Pour nous, les enfants, c'était chaque année jours de fête. Il y avait Akli l'intrépide, Rabah le doux, Mouloud le déluré, René le fils du commis et quelques autres que nous engagions pour jouer aux pirates. Gorgés des premières grappes de raisin noir, nous envahissions avec de grands cris la cave ordinairement close, et comme s'il s'agissait d'un navire rempli de trésors nous prenions d'assaut les échelles métalliques, les passerelles bruyantes et les couloirs pleins d'ombre qui ressemblaient à des coursives. Ensuite, pendant que le raisin finissait de mûrir venait une période de relâche, d'attente, et parfois, dans la nuit, comme pour désespérer cette attente, la montagne voisine s'illuminait d'incendies épars.

Seuls un orage ou des rafales de grêle pouvaient transformer les vendanges en désastre. Aussi mon père surveillait plusieurs fois par jour le baromètre anéroïde qui dans sa boîte vitrée traçait de son pointeau encreur les méandres du temps sur des rouleaux de papier millimétré. Tout dépendait de cette petite courbe qui sinuait au cours des jours, montant parfois en flèche vers le beau temps, ou chutant brusquement à l'approche d'un orage. Et j'entends encore son doigt tapoter la vitre du baromètre pour s'assurer de l'état exact de la pression atmosphérique et de l'éventuel orage.

C'était donc un été comme les autres. Le temps était encore brumeux, la chaleur pesante, et sur les grands oliviers qui abritaient les grives pas une feuille ne bougeait. « Je n'aime pas ce temps, disait mon père. Il n'annonce rien de bon. » Et il évoquait un terrible orage qui avait au temps de son enfance ravagé la région. Il disait aussi : « Quand les oiseaux se taisent et que rien ne bouge, c'est mauvais signe. »

Mon père craignait surtout un « retour » de paludisme dont les accès se répétaient régulièrement à des dates plus ou moins prévisibles. Une sensation de fatigue et d'épuisement l'envahissait, qui l'obligeait à s'aliter, puis, tandis que sa température grimpait vers les 40 ou 41, et malgré les trois ou quatre couvertures dont ma mère le couvrait, apparaissaient des signes inquiétants : des claquements de dents, des frissons, et enfin des tremblements frénétiques et violents qui le secouaient tout entier comme si pour lui, et pour lui seul, la chaleur de l'été était traversée par un blizzard polaire. Enfin, après quelques heures de sueurs abondantes qui ruisselaient sur son visage, la fièvre s'éteignait et comme miraculé il revenait parmi nous pour reprendre ses activités.

Ce soir-là nous nous préparions à dîner autour de la table de la cuisine. Le soleil venait de se coucher, le ciel était encore rougeâtre, et j'attendais que refroidisse l'assiette de soupe au lait posée devant moi sur le zinc de la table. Près de la cuisinière ma mère tendait des mies de pain, trempées dans une eau sucrée additionnée d'un peu de vin, à de jeunes poussins qui dressés dans leur corbeille pépiaient furieusement sous un morceau de flanelle. « Cela les revigore », disait-elle. Mon père, lui, qui semblait avoir retrouvé toutes ses forces, parlait d'un carré de vignes où il avait trouvé quelques traces de mildiou et d'une source qu'il pensait avoir repérée avec ses baguettes de sourcier.

« Après les vendanges nous nous en occuperons et tu viendras avec tes camarades pour m'aider à jalonner le terrain. » J'avais répondu oui, avec enthousiasme, car cette opération nous paraissait magique et une fois le puits creusé, je descendais avec mon père, par une longue échelle, dans les profondeurs fraîches de la terre jusqu'à une source pure, transparente et quasi invisible dans son lit d'argile.

Au moment où j'allais goûter, en soufflant dessus, à ma première cuillère de soupe au lait bien sucrée — mon régal —, le chien Potick, accroupi sur le sol, s'était mis à gémir en hochant vigoureusement la tête comme si mon père avait encore sa crise de paludisme. Et pris de panique il avait continué, malgré les remontrances de mon père, à gémir et à hocher la tête en le suppliant de ses beaux yeux tristes d'épagneul. Puis brusquement il avait couru vers la porte et en aboyant il s'était retourné vers nous comme pour nous inviter à le suivre.

Mon père s'était levé pour lui ouvrir la porte, mais le chien avait continué à aboyer, sur un ton aigu, comme s'il voulait à tout prix lui transmettre un message — et c'est à cet instant que j'ai vu brusquement ma soupe au lait remuer et se balancer comme si un mécanisme invisible s'amusait à la soulever. Instinctivement j'ai posé ma main gauche sur l'assiette, pour l'immobiliser, mais comme si j'avais touché une baguette de sourcier que l'on ne peut contenir, j'ai cru sentir sous mes doigts une force menaçante et brutale qui agitait l'assiette, le verre, la table. « Vite, vite, cria mon père, il faut descendre, *tout de suite* ! » Et tandis que l'armoire de la cuisine vacillait comme dans un dessin animé, nous avons couru vers la porte, dans un bruit d'assiettes brisées, pour descendre précipitamment l'escalier extérieur recouvert de glycines.

Sous un croissant de lune qui glissait derrière un nuage, nous nous sommes retrouvés, dans un grand silence, debout entre la maison et les trois grands platanes de l'esplanade. Après un dernier frémissement, comme si c'était le début ou la fin du monde, la terre ne bougeait plus, et tous les trois, avec le chien Potick, nous nous tenions debout sous les trois arbres comme des sortes d'ombres — dans une nuit où le temps paraissait suspendu et paralysé comme si notre respiration et le sang de nos artères s'étaient figés. Ma mère dit : « Tout à l'heure dans la cuisine je me suis crue sur la mer quand le bateau craque. » Et un peu plus tard — une minute, dix minutes, une heure ? — une nouvelle secousse se produisit, longue, rageuse, têtue. Si brutale que mon père nous enjoignit de nous allonger sur le sol, entre la maison — où la lampe de la cuisine était toujours allumée — et les trois platanes curieusement impassibles. Sous moi, et sous une lune qui là-haut tournait toujours autour de la terre à la poursuite de son nuage, la terre, prise de paludisme, tremblait frénétiquement comme pour se débarrasser de nous, par secousses, spasmes, dans un grondement sourd qui montait des profondeurs pareil à celui d'une cataracte chutant dans les profondeurs de la terre bien au-delà des sources, bien au-delà des puits — avec ma main dans la main de mon père pour m'empêcher de tomber dans l'abîme.

Plus tard, bien plus tard, tandis que les cataractes s'éloignaient, la lune avait rejoint son nuage et ramené le temps. Et avec le temps les choses de la nuit, le parfum des glycines, la fenêtre allumée de la cuisine, l'odeur encore tiède de la terre, et le chien Potick qui s'était dressé pour aboyer en direction de l'orangeraie voisine. Entre les arbres, comme tenue par un homme ivre, une lumière tanguait à droite à gauche en éclairant vaguement les mottes, les troncs des arbres. Mon père dit : « C'est Areski qui arrose les orangers. » Et tandis que ma mère allait s'asseoir sur le banc au pied des platanes, nous étions partis à la rencontre de cette lumière qui continuait à naviguer entre les arbres. C'était en effet Areski qui avec sa lampe-tempête à la main semblait chercher quelque chose. « Qu'est-ce que tu cherches ? lui demanda mon père.

— Je crois, monsieur Michel, que je cherche

ma pioche. Quand les chevaux sont arrivés pendant que je faisais la rigole pour l'eau de la montagne, je crois que je l'ai perdue.

— Quels chevaux ?

— Tous les chevaux, monsieur Michel, des milliers. Des milliers qui couraient sous la terre comme pour la guerre ou la fantasia. » Et il se mit à expliquer que pendant qu'il dirigeait l'eau à droite et à gauche avec sa pioche, tous ces chevaux s'étaient mis comme le tonnerre à courir sous la terre avec le bruit du galop. À courir comme des chevaux mabouls sous les orangers, les rigoles, et que c'est à ce moment qu'il avait dû tomber par terre et lâcher la pioche — pendant que la terre continuait à bouger sous lui avec de grandes secousses comme la femme qui veut pas.

« À ce moment, monsieur Michel, j'ai serré les mottes dans les mains pour les empêcher de bouger, et il y a eu tout d'un coup le silence, le grand silence. Alors, moi, j'ai levé la tête vers l'oranger, et comme si c'était le dernier jour, j'ai vu la lune qui bougeait dans l'oranger comme le ballon des gosses, et l'oranger qui secouait toutes ses branches pour se débarrasser des oranges comme le cheval quand il se remue toute la peau pour faire partir les mouches.

« Après, monsieur Michel — mais j'ai pas compté combien — la terre s'est endormie. Et peut-être moi aussi. Elle s'est endormie comme avant, comme tous les soirs, comme elle le fait depuis mille et mille ans quand on dort sur elle qui dort sans penser qu'elle peut avoir en elle la maladie, les mauvais rêves, le grand serpent qui ne s'arrête pas. Et c'est là que moi, moi ou un autre, je me suis réveillé — parce que l'eau de la montagne avait quitté sa rigole pour se chercher un autre chemin. Alors, monsieur Michel, avec la lampe j'ai cherché la pioche, à droite, à gauche, et après le chien qui aboyait j'ai entendu que tu m'appelais : "Areski, Areski !" Là je me suis réveillé pour de bon et quand tu es arrivé sur les mottes avec le gosse, j'ai dit, comme si c'était la parole du Prophète : "Areski, monsieur Michel — *il est là !*" »

Ensuite avec Areski et le chien nous sommes revenus vers ma mère et nous avons attendu sous les trois platanes et sous des papillons qui tournaient autour de la lune. Ma mère dit que c'était comme quand on descend du bateau et que l'on croit que ça bouge toujours. Et moi j'ai demandé si dans le bateau, sur la mer, on pouvait sentir bouger la terre. Mais à ce moment Hamid, le garçon d'écurie, était arrivé pour dire que les chevaux n'avaient pas arrêté tout l'après-midi de tirer sur leur licol comme s'il y avait un serpent dans la mangeoire. Il dit aussi que le cheval arabe s'était sauvé. Le cheval arabe, tout blanc, qu'on appelait

Nar, le Feu, parce qu'il était comme le feu quand il voyait une jument. « On le cherchera demain », répondit mon père, et tous les trois avec Areski on est montés dans la cuisine.

Sous la lampe toujours allumée, l'assiette de soupe au lait était toujours là et les poussins semblaient dormir. Mon père a sorti deux verres, qu'il a remplis de vin, et il en a tendu un à Areski. « Tiens, ça va te réveiller ! » Areski a d'abord dit non, car pour lui c'était défendu. Mais mon père a répondu : « Aujourd'hui, Areski, ça ne compte pas, la terre a bougé. » Alors Areski avait bu un verre, puis un autre, et tous les trois avec le chien Potick, sous le croissant de lune qui avait quitté son nuage, nous étions partis vers la cave, pour voir si rien n'était cassé, par la petite route avec les cyprès qui entourait l'orangeraie. Areski semblait tout excité. Il disait que la terre parce qu'elle avait bougé n'était plus de la terre comme d'habitude. « Et moi, monsieur Michel, je suis peut-être Areski mais pas le même.

— Et moi ? avait demandé mon père.

— Toi, monsieur Michel, tu es toujours monsieur Michel. Mais peut-être qu'on est maintenant tous les deux comme deux frères. Deux frères qui marchent ensemble dans la nuit pour retrouver l'eau de la montagne sous la lune.

— Comment, Areski, tu veux qu'on soit

frères ? Toi, en arabe, tu dis *le* lune, *la* soleil et moi je dis *la* lune, *le* soleil !

— D'accord, monsieur Michel, mais c'est comme au marché quand on fait l'échange. Les poivrons, les tomates changent de noms mais ils restent pareils. Et moi, ce soir, je suis ton frère parce que la terre a bougé. »

Et dans l'odeur des cyprès et des orangers ils avaient tous les deux continué à parler comme s'ils s'en allaient en pèlerinage vers la montagne par l'oued, les arbres-lauriers et les gros cailloux. « La grande montagne de ce jour et celle d'il y a mille ans, monsieur Michel. Celle avec les étoiles au-dessus et la lune arabe à gauche. » Et sans y penser ils étaient tous les trois, avec le chien, arrivés devant la cave.

« Regarde ! » avait dit Areski. Et avec le doigt il avait montré, debout sur la butte où l'on jetait les vieux raisins écrasés par le pressoir, le cheval arabe Nar qui s'était sauvé. En les entendant, le cheval avait remué sa crinière, plusieurs fois, tout blanc sous la lune, et en hennissant comme pour nous montrer le chemin, il était parti au galop vers l'oued et l'eau de la montagne.

« Lui, dit Areski, il a compris. »

On tue
des instituteurs

Leïla Sebbar

Née à Aflou (Hauts Plateaux) en Algérie, d'un père algérien et d'une mère française. Études de lettres à Aix-en-Provence puis à Paris, où elle vit depuis 1963. Elle a publié des essais, des romans, des nouvelles.

Entre autres, aux éditions Stock, la trilogie : *Shérazade, Le silence des rives*, 1993 (prix Kateb Yacine). Avec Nancy Huston, elle a publié : *Lettres parisiennes, Autopsie de l'exil* (Barrault, 1986) et dirigé : *Une enfance d'ailleurs, 17 écrivains racontent* (Belfond, 1993). Elle collabore à diverses revues littéraires et à France-Culture.

Derniers titres parus :

La jeune fille au balcon (Seuil, 1996).

Le baiser, coll. Courts toujours (Hachette, 1997).

Val Nord, Fragments de banlieue, photographies de Gilles Larvor, nouvelles de Leïla Sebbar (Au nom de la mémoire, 1998).

À paraître :

La Seine était rouge, Paris. Octobre 1961, roman (Thierry Magnier, 1999).

Soldats (Seuil, 1999).

Ronde et noire, je la trouve belle.

Le capot à grilles protège les phares jumeaux et au-dessus du pare-chocs, incurvé comme un joug en métal brillant, deux autres phares à nu, pour le brouillard. Le brouillard de la mer ?

La route est longue du village près de Tlemcen, Eugène-Étienne Hennaya, jusqu'à l'autre village près de la frontière marocaine, Port-Say. Say, comme monsieur Say, fondateur du petit port ensablé dont il restait, dressées, deux flèches de fer en avant de la mer, pour toujours inutiles. Je ne saurai pas, avant combien d'années encore, si elles ont résisté à l'usure marine, je lis sur le papier des sucres, au comptoir des cafés, de l'autre côté de la mer : *Say*, associé à *Béghin, Béghin-Say*, « n° 1 du sucre en France ». À Marseille, en 1936, des

ouvriers algériens occupaient la raffinerie *Say*.
Aujourd'hui, Port-Say s'appelle Marsa Ben Mehidi,
je l'ai lu dans Les Guides bleus, Hachette, *Algérie*, et
Eugène-Étienne n'est plus accolé à Hennaya, le
nom de l'officier de l'armée d'Afrique a disparu.
Nemours, qu'on traversait sans s'arrêter, ce beau
nom que je me récite, avant de savoir qu'il a appar-
tenu au duc de Nemours, un militaire de la
conquête, et à l'amant malheureux d'une princesse
vertueuse, Nemours, il faut le lire désormais sous
Ghazaouet, comme Lamoricière, du nom du général qui reçut, avec le duc d'Aumale, la soumission
de l'émir Abd el-Kader, s'est transformé en Ouled
Mimoun et Aumale en Sour El Ghozlane, « le rem-
part des gazelles ».

C'est huit ans plus tard que l'indépendance tente
d'effacer la trace nominale, plus que centenaire, de
la domination militaire et coloniale. En cette
année-là, nous sommes serrés à l'arrière de la Peugeot 202, et heureux. Les poupées des filles, mes
deux sœurs et moi, leur trousseau d'été, les pisto-
lets que mon frère fabrique dans du bois d'olivier.
Les boîtes de vers à soie ? Nous avons dû les laisser
à la maison avec une provision de feuilles de
mûriers ; les vers à soie seront-ils vivants au retour ?
Les abeilles de mon père n'ont pas besoin de lui, il
ne les abandonne pas. Le miel n'est pas si abondant
qu'il puisse en offrir à son ami de Port-Say, dans la
maison d'école collée au flanc de la montagne rase,

seule à l'autre bout du village marin, au-delà d'un
bois d'eucalyptus géants. Une maison à terrasse
mauresque, fenêtres en ogives, des mosaïques
vertes et bleues ? Je me trompe, sûrement, les
cours d'école ne sont pas des cours de palais. C'est
comme si des carreaux de faïence avaient bordé le
muret du jardin, cette maison je la vois blanche, en
vert et bleu, comme les jupes et les robes de ma
mère et de ses amies. Pourquoi l'école et la maison
sont-elles si isolées ? La mer n'est pas loin, mais il
faut traverser le bois, des eucalyptus et des pins
parasols. Les aiguilles sur la terre rouge atténuent la
brûlure de midi, si on a obstinément refusé les sandales. Les enfants, d'où viennent-ils ? On ne les
voit pas. Ils habitent sans doute derrière la montagne, une montagne ronde, pas très haute, avec
des buissons de maquis, peut-être au village où
nous n'allons pas ? On se baigne au même endroit,
toujours, seuls sur la plage, à distance du port déla-
bré, à l'abri de fines couvertures blanches tissées à
la main, tendues sur des roseaux, pour l'ombre, le
dos à des collines ravinées comme si elles annonçaient un désert. L'ami de mon père a deux
enfants, une fille, l'aînée, et un garçon qu'on
appelle « le Chinois vert d'Afrique ». Il a les cheveux noirs et lisses de sa mère, eurasienne, et ses
yeux verts. Je ne suis pas sûre de la couleur des
yeux de l'enfant, le plus jeune. Sa mère a les yeux
verts, je ne l'ai pas oublié. Ses sœurs lui res-

semblent, plus jeunes, je crois, et moins belles, j'en suis sûre. À ce moment-là, elles ont l'âge de ma mère, dont je ne savais pas, alors, l'âge exact, mais elles devaient avoir trente ans, environ, ma mère et ses amies.

Je suis loin de la mer. Très loin. Je l'aimais et elle me faisait peur. Les jours d'ouragan... Si la tempête allait pousser ses vagues noires vers le bois, et du bois jusqu'à la maison d'école, seule, dans ce désert de la côte et de la montagne. La montagne arrêterait le flot, mais la maison disparaîtrait comme dans un bassin sans fond. J'ai l'âge qu'avaient ma mère et ses amies à Port-Say et je cherche, fébrile, dans des livres morts depuis long-temps, jamais feuilletés, on pourrait les jeter, ils brûleraient avec la bibliothèque si quelqu'un y mettait le feu, d'autres lieux de mémoire ont ainsi brûlé, Alexandrie, Sarajevo... personne ne s'en soucierait, je ne sais pas ce que je cherche, mais je poursuis, inlassable, dans les rayons oubliés, la traque de quel secret ?... Je suis séquestrée volon-taire, dans les ténèbres de la lumière électrique et des siècles répertoriés, classés, fichés. Enfermée tout le jour avec des livres muets, dans la tombe à tiroirs, gigantesque, et qui engloutit mes années amnésiques, privées de la voix de la mer, de l'odeur des amies de ma mère, jeunes et belles, rondes, la peau lisse et dorée, leur rire dans la tempête qui s'annonce. Jeunes mères, institutrices en vacances, heureuses.

Et soudain, comme si j'avais regardé ce qui ne doit pas être vu, la curiosité châtiée par la mort sanglante dans le cabinet interdit, je sais que l'objet du désir est là, à portée de l'œil arrêté sur l'image. Le regard se fixe ailleurs un moment, pour revenir au détail, cette fois, et à la lettre de l'image, aux mots qui la sous-titrent et que je n'avais pas encore lus. Des hommes, vociférant, se précipitent sur une femme au seuil d'une salle de classe. Ils la menacent, le gourdin brandi à bout de bras, au-dessus des chèches, des turbans, des chéchias, ils portent barbe et moustache et ils crient. La jeune femme, debout devant la porte, bras tendus, protège des enfants, tabliers noirs, chéchias rouges. Ses cheveux blonds, légers, sont coiffés en coquilles sur le front, relevés en chignon derrière l'oreille. Elle porte un chemisier à col haut et longues manches, sa jupe lui couvre la cheville. Au-dessus du dessin, cadré sur la première page du journal : *Dimanche 19 mai 1901* (sous l'illustration) : LES TROUBLES DE MARGUERITTE (Algérie). *Courageux dévouement d'une institutrice.* À la septième page, quatrième colonne, le récit d'une révolte en Algérie, à Margueritte, près de Miliana, les Beni-ben-Asser attaquent le village, et l'école : « Mlle Goublet, institutrice, était occupée à faire sa classe, lorsqu'une clameur sauvage retentit. Les révoltés accouraient, menaçants, vers l'école.

« La noble femme s'élança au seuil de l'école, face aux assaillants, et leur cria :

« — Tuez-moi si vous voulez, mais ne touchez pas à ces pauvres enfants ! »

Les hommes se retirent, le texte poursuit :

« Mlle Goublet a été félicitée par le gouverneur général... Nous lui devons tous notre admiration, ainsi qu'à cette merveilleuse phalange des instituteurs et institutrices de France, si laborieuse, si dévouée, si patriote, si courageuse enfin, comme on vient de le voir, quand la situation le commande. » Si le regard se déplace sur la page de gauche, des réclames vantent, à côté de dessins en noir et blanc, les *Pilules orientales* pour une gorge opulente « très appréciée des Orientaux »... et la *Pommade exotique* qui « fait pousser la barbe et les moustaches très longues, même à 15 ans »...

C'est un soir où la mer ne lance pas ses vagues jusqu'à la maison d'école, au pied de la montagne. À cette heure entre jour et nuit où il ne fait plus chaud, et même un peu frais, les mères couvrent de laine légère les épaules des enfants ; les filles, les garçons ont disparu derrière les rochers, ils courent toujours avec des feintes impossibles à parer. Ma mère et ses amies marchent sur une plage où nous n'allons pas d'habitude. Un bloc, haut comme une maison la sépare de Port-Say, peut-être est-ce encore notre plage quotidienne, notre mer, Port-Say ? Je ne sais. Le sable à l'ombre, la mer dangereuse, plus verte que l'autre, plus profonde au bord, nous marchons à sa lisière. Ce soir-là, je vais au pas des femmes qui parlent. La voix, je la sens à la fois plus animée dans les gestes qui l'accompagnent et plus sourde que lorsqu'elles bavardent, comme chuchotée. Il me semble qu'elles se disent des paroles graves que nous ne devons pas entendre. J'ai la patience de la curiosité, elles m'oublient, je marche au rythme des iris vert et blanc de la robe de ma mère, en silence et comme absente. La Moscarda, c'est le nom de cette plage interdite, barrée par des roches qui arrêtent le ciel et la chaleur, renvoie l'écho des cris des enfants, et assombrit les mots des femmes inquiètes. J'entends sans comprendre le lien entre eux, des fragments échappés au secret. Des mots inconnus : *Aurès*, des morceaux de mots, le début ou la fin *mine*, d'autres dont je connais le sens *gorges*, et les seuls que j'identifie avec une sorte d'apaisement, familiers, protecteurs, je ne suis pas en danger, le ton sérieux de ma mère et ses amies m'a trompée, ces mots qui me rassurent, je les entends prononcés plusieurs fois par chacune d'entre elles : *instituteur, institutrice*. J'ai cru surprendre un secret, l'anxiété dans les voix, je l'ai inventée, je n'écoute plus. Elles se parlent d'elles-mêmes, maîtresses d'école, de leurs maris, maîtres d'école.

Loin de la Moscarda. Mais la couleur ténébreuse de la mer à cette heure du jour, je la retrouve dans l'enfer des souterrains asphyxiés de livres. C'est là, sur les grandes tables de bois brillant, que je lis ce novembre funèbre. Ils étaient jeunes mariés à la découverte d'un pays qu'ils auraient aimé. Ils ne savent pas que c'est la Colonie et sa langue qu'ils viennent servir, sur ces Hauts Plateaux étrangers, hostiles et beaux ? Ils se rendent dans un département de la France, au-delà de la frontière terrestre, une terre qui ne ressemble pas aux provinces françaises qu'ils connaissent. Ils ont la candeur curieuse des enfants de la République, formés à l'école de la République, et l'enthousiasme des novices. Dans le car Citroën vert et jaune, ils sont assis à l'avant, places réservées aux notables indigènes et aux Européens, c'est la coutume, ils la respectent, les « Français de France » ne s'offensent pas des traditions qu'ils ignorent. Ils sont instituteurs.

C'est le 1ᵉʳ novembre 1954.

Des hommes en armes, fusils de chasse et mitraillettes, vestes et pantalons kaki, ils ne portent ni turbans ni cagoules, juste un foulard pour couvrir le visage, ces hommes qui surgissent à l'entrée des gorges de Tighanimine, « Arris 18 km — Batna 79 », font barrage. Le car s'arrête. Le Caïd

descend en même temps que les jeunes instituteurs. Une rafale. Le Caïd tombe. Le jeune
homme et sa femme tombent. Elle déchire sa robe
de vichy, verte à carreaux ? des bandes pour un
garrot qui arrêtera le sang. Le maître d'école est
grièvement blessé. Il meurt. Elle non. Des oiseaux
de proie tournent au bord du ravin. C'est la
guerre.

Le soir, sur la terrasse, il fait doux. La lampe-
tempête éclaire la nuit et les visages sont dorés. La
vieille femme espagnole fait du café. Ils vont parler
toute la nuit ? Jouer aux cartes ? Ils ne se couche-
ront pas ? Du café après le dîner, c'est la première
fois. Les enfants, dans la cour, crient à chaque
chauve-souris qui passe au ras des cheveux. On dit
qu'elles s'agrippent et restent collées, pour ronger
le crâne jusqu'à la cervelle... C'est la fête, personne
n'appelle pour aller dormir. Une nuit blanche ?
On nous a oubliés.

Ils parlent encore, comme ma mère et ses amies
dans le crépuscule de la Moscarda, longeant à pas
lents la mer lourde, obscure, et j'écoutais des voix
précipitées qui ne riaient plus. J'ai quitté la cour
pour la terrasse. Assise sur la dernière marche, je
passe l'index sur la faïence blanche et verte de la
frise, si je ne confonds pas avec une autre maison,
une autre terrasse. On ne me voit pas. Ils se lisent
le journal qui raconte le détail de l'attaque au bord

du ravin, dans les gorges de... J'entends la fin du mot : *mine*, le mot est long, un nom compliqué que je n'ai jamais entendu, et *Caïd*, je sais qu'un Caïd est un musulman important, habillé comme un Caïd, burnous rouge sur une djellaba blanche, chèche et turban luxueux, il dit qu'il est capitaine de l'armée française, s'il est agressé, il saura se défendre... J'entends aussi, plusieurs fois répétés : *Instituteur, institutrice...* Et puis, ce que je n'ai pas entendu pendant la promenade du soir, à la Moscarda, ou alors les mots prononcés à voix basse comme dans une sorte de brouillard, ne me sont pas parvenus : *fusils... sang...* Je suis sûre de ne pas me tromper. On a tiré sur le Caïd et les instituteurs, ils sont blessés, peut-être morts. On a voulu les tuer.

Sur la route, vers Eugène-Étienne Hennaya, une seule voiture, la Peugeot 202 de mon père, et nous serrés à l'arrière, silencieux. On longe des plaines, des ravins, des gorges. Je n'ai pas posé de question, après la nuit sur la terrasse et le café de minuit. J'ai compris, je crois avoir compris que des hommes en armes ont tiré sur d'autres hommes, il y avait une femme. Comme dans la guerre, j'ai entendu mon père siffler *Le chant des Partisans*, dans l'autre maison.

Ainsi, des hommes n'aiment pas les instituteurs, et ils les tuent.

ENFANCE

Habib Tengour

Né en 1947 à Mostaganem, en Algérie, il partage son existence entre l'Algérie et la France. Universitaire et écrivain, il a publié plusieurs livres dont :

Sultan Galièv ou la Rupture de stocks (Sindbad, 1985).

L'épreuve de l'arc (Sindbad, 1990).

Il a publié également des recueils de poésie, illustrés par Mohammed Khadda, et Abdallah Benanteur.

Il collabore à diverses revues au Maghreb, en France et en Europe, dont :

La sandale d'Empédocle (PO&SIE, 1993).

Secrète au grand jour (PO&SIE, 1995).

Dernier titre publié :

Gens de Mosta, Moments 1990-1992 (Actes Sud, 1997).

En ce temps-là, la terre était comme une assiette plate. Elle reposait sur la corne gauche d'un taurillon noir qui tenait en équilibre instable sur la queue d'un poisson. Quand le poisson remuait ça faisait trembler la terre.

J'étais encore enfant lorsque la secousse me réveilla. Nous avions tous roulé dans la pièce. Ma grand-mère me serra contre elle, et ma mère vint se blottir contre nous. Mon grand-père cherchait la bougie dans l'obscurité ; il ne tâtonna pas longtemps pour la trouver. Ma sœur et mon frère, plus petits que moi, dormaient profondément. « Dieu *nous protège* ! » La porte ouverte donnait sur la cour intérieure. Dans les pièces voisines, mes oncles n'avaient pas bougé. Tout ce remue-ménage ne les avait pas réveillés. « Dieu *nous protège* ! »

Il y avait de la vaisselle cassée. La jarre d'eau était renversée. Mon grand-père fouilla dans le vieux coffre à la recherche du Coran manuscrit légué par son arrière-grand-père. Mon grand-père savait à

peine lire. Il déchiffrait d'une voix cassée mais
calme la sourate du Royaume. Je récitais avec lui
et corrigeais ses fautes de lecture. Je n'avais pas
encore sept ans, que je possédais huit chapitres du
Livre. L'appel de l'aube nous rassura. Je me rendis
à la mosquée Sidi Qaddour. Mon grand-père priait
toujours à Sidi Sayeh ou à la maison.

Le matin, la radio annonça qu'un tremblement
de terre sans précédent avait détruit la ville
d'Orléansville. À Mostaganem, tout le monde
commentait abondamment la nouvelle. Dieu avait
frappé la ville de Lasnâb, pour faire un exemple.
On racontait que des bouteilles de vin avaient été
trouvées dans le mihrab de la grande mosquée. La
veille, le muphti de Lasnâb s'était rendu au bordel
numéro six avec un Coran dans la poche de son
pardessus. On dit aussi que beaucoup de notables
organisaient des orgies dans des lieux saints. Beaucoup prétendaient que Sidi Abed avait juré la perte
de la ville. Ses gens étaient des mécréants plus
endurcis que le peuple de Loth. Ils ne respectaient
ni mosquées ni tombeaux de saints. On disait qu'ils
arrosaient leurs couscous d'une sauce au vin et
que, sous prétexte de célébrer la nuit de l'Erreur,
ils s'adonnaient à la fornication avec les femmes et
les jeunes hommes.
Mon grand-père nous raconta que la terre s'était
ouverte puis refermée sur des impies. Il tenait la

chose d'un fakir derqaoui qui avait assisté à cela. Et d'autres prodiges encore. C'était l'approche du siècle quatorze. Bientôt, on verrait la mule mettre bas et les fourmis s'entre-dévorer. « *Que Dieu protège les Musulmans !* » Le Dejjâl allait entraîner l'humanité dans le chaos. Ça va durer quatre-vingt-dix-neuf ans ! Et puis encore plusieurs années de désordre et de violence avant que le Prédestiné ne rétablisse la justice. Le Jour des comptes approchait.

Il y eut des collectes à travers tout le pays pour les sinistrés de Lasnâb. La maîtresse d'école, madame Garcia, nous parla des grands cataclysmes pendant la leçon de choses. Elle nous distribua des feuilles de papier Canson et des crayons de couleurs et nous demanda de dessiner pour porter un peu de bonheur aux familles malheureuses d'Orléansville. Kader dessina un palais avec dix chambres, Alaoui des genêts et des abeilles, moi une corbeille d'oranges.

L'école communale était obligatoire. J'allais aussi, le jeudi et le dimanche, à l'école coranique de cheikh Adda qui se trouvait aux Carrières. J'aimais beaucoup mon école Jeanmaire. J'étais heureux pendant la récréation. On se racontait des histoires sans arrêt.

Il faisait chaud. Le soleil tournait dans nos rondes. J'avais la plante des pieds brûlée par le goudron.

Les espadrilles coûtaient cent francs et duraient un mois. Je ne les portais que pour aller à l'école ou monter en ville voir mon grand-père au marché couvert. Souvent j'oubliais mes espadrilles et me retrouvais pieds nus en classe. Alors, je tombais dans un gouffre noir... PÈÈÈÈRE !... « *Au nom de Dieu Clément et Miséricordieux...* » La main de mon grand-père sur mon front apaisait mes terreurs. Je faisais souvent ce cauchemar. Mais j'ai toujours fréquenté l'école les pieds chaussés. Un jour que mon grand-père n'avait pas cent francs à me donner, je me suis absenté pour n'avoir pas à subir le piquet. J'étais un élève sage et studieux et j'avais honte d'être traité comme un va-nu-pieds. Pendant des mois, j'étais parcouru d'un frisson de remords à la pensée de cette absence d'une journée... Les espadrilles étaient pratiques pour le jeu du Roi et du Voleur. Il se jouait à trois ou quatre ou plus. Nous nous asseyions par terre. Il fallait lancer les espadrilles dans le cercle en les faisant tourner. Le joueur les plaçait semelle contre semelle et à deux mains exécutait le lancer. Le premier tour servait à répartir les rôles : les espadrilles dans le cercle en position normale pour être chaussées désignaient le roi. Les espadrilles retournées, le chaouch-bourreau, exécuteur des ordres du roi. Le voleur était celui qui faisait tomber les espadrilles dans une position différente. Alors, le chaouch s'adressait au roi pour la peine à infliger au voleur : « Combien de coups ? » Le roi fixait le nombre de coups à donner sur la paume de la main. « Côté toile ou côté caoutchouc ? » Les deux côtés portaient des noms précis. Je ne me souviens que de « *halloufa* », qui était le côté caoutchouc. J'ai oublié les tapes cuisantes du caoutchouc qui rougissait la paume de la main, me faisait crier parfois aux larmes. Et l'attente d'un retournement du sort. Et le plaisir de frapper. Le jeu se terminait régulièrement par une bagarre en règle. Nous étions mauvais joueurs.

L'hiver, mon grand-père mettait mes pieds entre ses jambes pour les réchauffer. Il me racontait l'histoire du roi Sayf fils de Dounyazad, fils de Tabba', fils de Manat, fils de Yahya, fils de Touqan, fils de Qahtan, de lignée en lignée jusqu'à notre seigneur Abraham, l'ami de Dieu. Je soupçonnais mon grand-père d'inventer des épisodes mais il m'assurait toujours du contraire. J'ai voulu vérifier et je lui ai demandé d'emprunter l'ouvrage, pour moi, à l'un de ses amis. J'ai attendu plus d'un mois, mais lorsque j'ai eu le livre entre les mains, j'ai eu beaucoup de difficultés à le déchiffrer. C'était un gros livre avec des caractères très fins et les mots n'étaient pas vocalisés. J'ai tout de même lu un bon quart de l'ouvrage, mais j'ai dû renoncer à une lecture aussi ardue. J'ai rendu le livre en disant qu'il m'avait beaucoup plu, ce qui fit plaisir à l'ami de mon grand-père. J'avais menti dans cette intention. Je n'avais plus d'autre choix que de me fier à la version de mon grand-père. Ça ne me dérangeait pas du tout. Mon grand-père racontait très bien. Il avait aussi des pouvoirs. Il me lançait : « La tristesse, tu la connaîtras toujours assez tôt ! Tu n'as pas à soutenir ta tête dans ta main. » Il me secouait énergiquement mais sans me faire mal. Il aimait que je sois gai. À cette époque mon père était en prison. C'était un nationaliste et les Français mettaient en prison les nationalistes qui voulaient l'indépendance de l'Algérie. Je savais, par ce qui se chuchotait autour de moi, que mon père avait été torturé pendant plusieurs semaines, mais qu'il n'avait pas avoué. J'avais peur mais je faisais le fier.

Ma grand-mère m'interdisait de siffler dans les pièces. Ça faisait venir Satan dans la maison et les génies maléfiques.

Plusieurs fois, le mauvais œil m'avait atteint. J'avais la tête lourde à éclater et les membres rompus. Je m'enveloppais dans une couverture en laine à rayures. J'attendais mon grand-père, qui possédait le pouvoir secret d'arracher le mauvais œil. Il me racontait : « Mon maître m'a initié et quand tu seras grand, je t'apprendrai à toi aussi. Je te transmettrai tout mon savoir. » J'étais inerte entre ses mains. Mon grand-père avait une pierre d'alun dans la main droite. Il la passait sur mes bras et autour de ma tête en récitant à mi-voix des formules magiques. Puis, il mesurait mes bras en comptant le nombre d'écarts entre le pouce et le majeur. Il y avait toujours au départ quelques centimètres en plus du nombre d'empans. Ce surplus constituait la mesure du mauvais œil. À la fin de l'opération, mon bras mesurait un nombre d'empans sans reste. Aussitôt, j'étais guéri.

Une vieille femme parlait de Moïse abandonné sur le fleuve et sauvé par la mère de Pharaon, grâce à la puissance divine. Pharaon possédait la terre entière mais il voulait avoir toujours plus. Il voulait être le seigneur de l'univers ! Alors, Dieu l'avait châtié. La mer l'a avalé et recraché comme un noyau d'olive.

Elle disait qu'on pouvait manger avec les Juifs, mais pas coucher avec eux. Les Juifs se réveillent chaque matin la bouche pleine de vers. Ils puent comme des charognes assaillies par les mouches parce que Dieu les a maudits pour avoir falsifié les textes sacrés. Ils connaissaient la venue de notre Prophète et ils l'ont tue aux fils d'Israël... J'écoutais avec fascination ces histoires. Elles me terrorisaient. Je croyais ce que la vieille disait, mais comme je n'avais jamais fréquenté de Juif, je lui ai demandé si elle en connaissait personnellement. « Je l'ai entendu dire par le cheikh Sidi Abdelbaqi alors que j'étais encore une enfant incapable de mener boire le troupeau. Ce sont des choses consignées par les Anciens. »

J'étais un peu effrayé quand madame Ida me pria d'entrer dans la maison. Je venais voir Charlot, son fils, pour aller au cinéma. Nous avions tout le temps. Elle nous prépara un goûter : du chocolat et des gâteaux qui avaient un drôle de goût. Je regardais autour de moi. Le salon était propre et bien rangé. Les Senkman étaient des gens modestes. Ils habitaient au deuxième étage de l'immeuble et nous au quatrième, sous les toits. Les Senkman me paraissaient très riches. J'ai tout de suite aimé les parents de Charlot. Ils étaient gentils avec mes parents et moi. Ils nous donnaient des jouets, des vieux vêtements en bon état, des pâtisseries. Monsieur Senkman allait m'emmener plusieurs fois au cinéma et m'apprendre à jouer aux échecs. Madame Ida me traitait mieux que son fils Charles parce que je travaillais bien au lycée et que j'étais un garçon sage et respectueux des parents. J'interrogeais mon père : « Les Senkman ne sont pas des charognes. Ils ne sont pas comme les Juifs. Je n'ai jamais vu leur bouche pleine de vers. Pourquoi ? Ils m'ont pourtant dit qu'ils sont Juifs. » Mon père m'avait longtemps regardé en hochant la tête. « Ce sont des histoires d'ignorants. Nous avons de la chance d'avoir des voisins comme eux. » Ma mère avait dit qu'elle ne croirait plus jamais ce genre d'histoire. Je discutais souvent des Juifs avec monsieur Senkman : il m'apprenait des choses horribles dont j'avais déjà entendu parler, mais en l'écoutant je comprenais beaucoup de choses. Un jour, dans l'escalier, madame Ida dit à mon père : « Aujourd'hui, vous êtes comme nous. » Son grand fils, Albert, avait été appelé pour faire son service militaire en Algérie. Elle le pleurait toute la journée en faisant ses coutures à domicile. Lorsqu'il revint de là-bas, il s'enferma dans sa chambre pour ne plus sortir. Il ne voulait voir personne que sa mère. Plusieurs fois, monsieur Senkman avait tenté de forcer la porte. Ça a duré des années. Après la guerre, il a commencé à circuler dans la maison et à parler aux gens. Nous avons joué aux échecs.

Je suis arrivé en été à Paris avec mon grand-père. C'était la guerre. Je ne comprenais pas pourquoi la gare de Paris s'appelait la gare de Lyon, et j'ai eu du mal à suivre les explications du contrôleur. Il ne parlait pas français comme ma maîtresse. Mon grand-père me pressait d'interroger tout le monde pour être sûr que nous étions bien à Paris. « Fie-toi à ta langue, disait-il. Demande sans crainte. » Je ne comprenais pas les gens. Ils parlaient trop vite. Mon père ne nous attendait pas à la sortie comme nous l'espérions. Mon grand-père avait dit que ça ne faisait rien ; que nous prendrions un taxi puisque nous avions l'adresse de la maison. Le matin était gris, serré dans la noirceur des façades des immeubles. J'étais déçu. « C'est tout noir, père, regarde... Les bâtiments sont moins hauts qu'à Oran. » Boulevard du Temple, le taxi nous déposa devant la porte. « Il faut appuyer sur la sonnette, dit le chauffeur. Vous savez comment ça marche ? » J'ai répondu que oui. « Il nous a pris pour des paysans ! Peut-être à cause de ton turban et de ta blouse. » Soudain, j'avais honte de l'allure indigène de mon grand-père. Mais au fond de moi, j'étais fier qu'il n'ait rien changé à ses habitudes vestimentaires pour venir en France. La question avait été débattue pendant des semaines à Mostaganem. Le quartier participait aux préparatifs de l'aventure. Chacun contribuait par une information, un conseil ou une sentence. Malgré les avis contraires, mon grand-père n'avait pu se résoudre à changer de costume, ni surtout à se décoiffer. « Je suis trop vieux pour me déguiser », avait-il dit à madame Delage.

Madame Delage et son mari étaient des employés de bureau qui approchaient de la retraite. Ils s'étaient fixés très jeunes à Mostaganem et ils souhaitaient y terminer leurs jours. Une amitié simple et solide les liait à mon grand-père. Ils se comprenaient à demi-mot. Mon grand-père était analphabète, mais il baragouinait l'espagnol et le français pour les avoir longtemps écoutés. Madame

Delage venait tous les jours au marché, parfois avec son mari, acheter des légumes et bavarder un peu avec mon grand-père. Elle n'avait pas d'enfant et aimait bien mon père, mais surtout mon oncle Abdelkader. C'était le comptable. Elle l'avait suivi dans ses études. Elle était fière parce qu'il parlait bien français et qu'il était élégant. Elle se désolait pour mon père qui était un nationaliste, un agitateur, mais elle avait toujours payé ses avocats et lui faisait porter des colis quand il était en prison. « Ton fils Kader est sérieux, disait-elle, mais Mohamed a de mauvaises fréquentations. Raisonne-le, toi, tu es son père et il doit t'écouter. » Elle était venue nous rendre visite, un jour, à Tijdit. Je la revois assise au milieu de la cour sur l'unique chaise de la maison. Ma grand-mère, ma mère et la femme de mon oncle, assises par terre, l'entouraient timidement. Mon grand-père et moi étions debout. On servait d'interprètes.

Un voisin avait dit à mon grand-père : « Ton fils est en prison et tu reçois une Française chez toi. Comment tu peux faire ça ? » Mon grand-père ne s'était pas fâché. Il avait répondu sans hausser le ton : « C'est des gens bien. Les Français ne sont pas tous les mêmes. » J'en avais voulu aussi à mon grand-père de la visite de madame Delage car les gosses du quartier s'étaient moqués de moi. Mon grand-père avait constaté que je lui faisais la tête. Il me taquina comme à son habitude, mais, comme je continuais à bouder, il m'attira doucement à lui et me dit très sérieusement : « Madame Delage et son mari sont des êtres bons. Il faut apprendre à ouvrir ton cœur à la bonté d'où qu'elle vienne. Ton père se bat pour l'indépendance du pays. Les Français qui le torturent ne sont pas des hommes. »

Je frétillais. « Je veux voir la Bastille et Versailles et la Seine et les Champs-Élysées... » Mon père avait dit calmement : « Nous sommes tout près de la Bastille, on ira demain. » Nous avons pris l'autobus. Les gens observaient mon grand-père avec curiosité. J'ai choisi une place à l'écart, avec ma sœur, et laissé ensemble mon grand-père, mon père et ma mère. J'étais heureux. Pénétré de soleil. J'allais voir des choses extraordinaires que je dépeindrais à tous mes copains. Je fanfaronnerais dans Tijdit. Plus que Kader ou Tahar ! Eux n'étaient venus en France que dans des colonies de vacances. Moi, j'aurais vu toutes les images du livre d'histoire de CM2 en vrai !

LE RETOUR
DES SOURCES

Alain Vircondelet

Né à Alger, il vit en Algérie jusqu'en 1962. Études de lettres. Enseigne à la Faculté des lettres de l'Institut catholique de Paris. Écrivain, il publie plusieurs récits autobiographiques, dont *La vie la vie* (Albin Michel, 1985), *Là-bas, souvenirs d'une Algérie perdue*, album illustré (Le Chêne, 1996) et des biographies de Huysmans, Pascal, Saint-Exupéry.

Derniers titres parus :

Marguerite Duras, vérité et légendes, biographie illustrée, photographies inédites (Le Chêne, 1996).

Je vous salue Marie, représentations populaires de la Vierge (Le Chêne, 1996).

Charles de Foucault, biographie (Le Rocher, 1997).

Albert Camus, vérité et légendes, photographies de Catherine Camus (Le Chêne, 1998).

L'enfant vécut jusqu'à l'âge de quinze ans en Algérie sur les hauteurs de Bab el-Oued aux confins de la Casbah. La guerre avait favorisé l'enfermement ; peu à peu il avait dû renoncer à se rendre au lycée, sa mère craignait une rafle, un attentat, une bombe, un rapt. Sans qu'il en comprît vraiment le sens, il subit avec délices le charme de sa captivité. C'est à cette époque qu'il se sépara inconsciemment de son père et se lia avec passion à sa mère. Dans cette famille, les deux camps de la guerre couvaient et s'épiaient : il y avait la France et l'Algérie, les civilisés et les sauvages. L'enfant spontanément avait choisi le sien : à l'ordre colonial, il préférait la violence arabe des sentiments, les éclats sourds des siroccos.

Dehors, la ville européenne faisait semblant de vivre, presque indifférente à la guerre. Les « nuits bleues » où des centaines de bombes explosaient, les cadavres de femmes algériennes jonchant le pavé, les massacres en série, ne paraissaient pas

l'entamer. Alger était alors la seconde ville de
France, il lui fallait ne rien montrer de ses blessures, faire comme si aucune brutalité ne pouvait
l'atteindre. Sous le soleil impartial qui accablait les
plages, les Français, envers et contre tous, allaient
se baigner, sûrs que leur présence têtue finirait par
triompher de ce qu'ils n'appelaient jamais que des
« événements », des « exactions », du « terrorisme ».

L'enfant ne connaissait pas les jeux des garçons
de son âge, il ne dévalait pas les rues en pente de
son quartier sur des planches de bois auxquelles
étaient vissées des roulements à bille, il ne savait
pas poursuivre une balle pour la mettre dans des
buts imaginaires, il ignorait la joie des stades et les
noms des joueurs des clubs sportifs.

Son enfance se déroulait secrète et obscure. Son
père, depuis longtemps, l'avait abandonné à sa
mère, certain de ne plus le ramener à la franche
lumière du monde colonial, à ses rites, à ses lois, à
ses devoirs. La mère, au contraire, chaque jour
l'attirait dans sa propre histoire, lui révélait d'autres
Algéries.

Des jours, des nuits, ils vécurent ensemble, tout
le temps de la guerre. Huit années de vie captive,
dans la douceur quiète des cuisines, dans les senteurs confites de fruits et de viandes. Aux heures
les plus chaudes, par bouffées, les jasmins qui grim-
paient aux balcons de fer forgé envahissaient les
pièces.

Tout ce qui était profondément algérien, la suavité des fleurs, jusqu'à la suffocation et l'écœurement, l'air sec qui finissait par prendre la couleur de la terre, jaune, et aussi la profusion verte des plantes exotiques, les sons étouffés que les petits bergers faisaient surgir de leurs flûtes de roseau, le bêlement pitoyable des moutons, tout pénétrait dans les pièces de l'appartement à travers les clayettes de bois des volets, clos, obstinément, pour éviter les balles perdues.

La guerre, l'enfant la voyait à travers les persiennes : en face de lui, la colline au-delà de laquelle commençaient les premières maisons carrées de la Casbah, le lieu secret de la Révolution. C'étaient des corps à corps entre les soldats du contingent et les fellaghas, quelquefois il pouvait les voir rouler dans la caillasse, s'accrocher aux branches griffues des aloès, s'immobiliser dans un ravin. D'autres fois encore, les affrontements étaient si proches qu'il fallait se réfugier dans les chambres du fond qui donnaient sur la cour. Alors l'enfant, blotti contre sa mère, l'entendait chanter des mélopées de son pays, des chants de Biskra dont il ne comprenait pas le sens, lents et rauques, et qui semblaient infiniment tristes.

La guerre avait comme renforcé l'identité orientale de la mère. Elle avait retrouvé un air farouche, une violence intérieure, une manière même de voir, étrangère pour des Français. Elle était redeve-

nue la petite fille des Aurès qui jouait imprudem-
ment dans les oueds desséchés, s'émerveillait de
rien, aimait franchir les dernières coulées de palmiers pour contempler les dunes de sable d'où partaient les caravanes.

Pour divertir l'enfant, elle refaisait les gestes
lents et déhanchés des danseuses arabes, elle roulait
un châle autour de sa taille et le ventre seul s'ani-
mait. Souvent, elle étouffait des youyous de
révolte ou de joie, et c'était toute l'Algérie algérienne qui remontait de sa nuit, criait déjà victoire.

Elle veillait sur son enfant avec une attention
presque maladive, brutale, obsédante, comme si
elle voulait lui donner tout ce qu'elle ne pouvait
plus dire. C'était une transmission invisible aux
yeux des autres, des secrets qui se donnaient à bas
bruit. L'enfant intuitivement retenait le savoir de
sa mère. L'Algérie des Aurès lui était devenue
naturelle et familière, ses nuits et ses paysages,
intimes, comme sa langue. De sa mère, il avait
hérité le don de raconter des histoires, les vieilles
légendes des talebs ressassées sur les marchés indigènes ; à son tour, il les regardait, les réinventait.

L'injustice, la haine, la mort lui semblaient venir
résolument de la France, des amis du père, c'est
pourquoi quelque chose en lui le poussait à déso-
béir, à rejeter les règles d'un pays qu'il méprisait,
confusément.

C'était à d'autres gestes, à d'autres manières de

vivre qu'il avait l'intuition réelle de l'Algérie. Il avait très vite compris ces mélanges complexes de douceur et de brutalité, force puissante des mères, innocence sauvage et cruelle. Il aimait entendre sa mère parler de l'indifférence des déserts, de leur inépuisable mobilité, de leurs dunes sans cesse mouvantes et recommencées, de l'ampleur étoilée des nuits, de cette Algérie qu'aucun Français n'avait conquise et dont jamais il ne triompherait, qu'aucun angélus, aucune école, aucun ordre « civilisé » ne pourraient pacifier. Et lentement s'était tissée dans l'esprit de l'enfant l'idée d'un pays dont il était à moitié porteur, et dont il héritait la nature profonde et intérieure : celle qui lui donnait d'entendre, de comprendre, de voir autrement, d'être malgré son inéluctable passage dans le temps, au lieu des origines, aux premiers jours du monde. C'était cela que lui donnait à observer la guerre, cette lutte à mort du plus ancestral, du plus « barbare » en somme, et dont tout témoignait : les senteurs surtout, extrêmes et brutales, des fleurs, les visages, non pas rustres mais nobles au contraire, de cette fierté rude qui s'est cognée aux sables et à la virulence du soleil, aux apprentissages de la soumission, au silence bruissant des vaincus.

Il ressentait l'Algérie comme un lieu grave, auprès duquel toute réponse pouvait se donner, non pas sur l'urgence du monde, sur sa course aveugle, mais sur son histoire la plus lointaine.

L'Algérie réverbérait obscurément un temps lourd d'autres temps, ignorés et mythiques. L'enfant, grâce à elle, se découvrait très ancien.

L'Algérie des colons, des « Blancs » comme disait la mère, était frivole, elle exaspérait pour cela les Arabes. Dans les rues européennes, les préoccupations étaient alimentaires, matérielles, les loisirs et les fêtes populaires s'affichaient comme des provocations. L'enfant, de sa fenêtre aux volets clos, voyait la ville arabe s'animer autrement. De brusques mouvements de foules prévenaient d'une manifestation : en quelques secondes, les youyous déferlaient sur la Casbah, et des femmes, des enfants dévalaient la colline en hurlant. La mère, pour conjurer la peur, se réfugiait avec l'enfant dans la cuisine. Frénétiquement, elle se mettait à préparer des plats de son enfance, elle roulait la graine dans la kesra de terre cuite, elle fourrait les mahjebs de tomates et de poivrons frits, elle faisait couler du miel sur les makrouds. Personne encore ne savait comment cette guerre s'achèverait. Le père affirmait que la France vaincrait. Comment pouvait-elle perdre face à des bandes de fellaghas, sans apprentissage de la lutte armée, sans organisation apparente ? La mère ne disait rien. Elle semblait même approuver les réflexions du père. C'était pourtant à son silence, à sa patience, que le fils décelait sa différence.

Parfois la famille du père s'indignait que l'enfant

restât ainsi enfermé dans l'appartement de Bab el-
Oued, elle lui soutenait qu'il fallait lui faire ren-
contrer des garçons de son âge, suivre les cours au
lycée. Un jour, la mère dut céder aux injonctions
de tous. Elle pensa alors que ses forces invisibles la
lâchaient, qu'elle perdait toute la guerre puisque
son fils lui était ravi. L'enfant se taisait, à la fois
inquiet et curieux de retrouver ce que la mère et la
guerre lui avaient dérobé : les odeurs d'Alger, ses
bruits, sa foule colorée. Il était étonné de voir tant
de monde dans les rues, tant de magasins ouverts,
et cette indifférence de la vie, insensible aux
bombes, aux meurtres, aux cadavres qu'il devait
enjamber, aux filets de sang qui s'écoulaient de
leurs blessures, et tachaient les haïks et les burnous,
l'alanguissement des palmiers se pliant aux souffles
de l'air marin, et cette promiscuité avec la mort, si
palpable qui finissait par devenir le charme même
d'Alger, cette fascination que la ville paraissait
avoir pour les mélanges, la brutalité de la vie quotidienne, l'aplomb écrasant de midi et malgré tout,
dans la paix des squares, la douceur du miel,
l'épaisseur juteuse des plantes, la chair profuse des
figuiers, comme une promesse. Le père se risqua
même à inscrire l'enfant dans un camp scout. La
mère ne vivait plus quand il partait des dimanches
entiers pour les forêts de la côte, à Baïnem ou à
Sidi-Ferruch. Le soir, à son retour, il lui offrait des
arbouses qu'il avait cueillies et des bouquets de

cyclamens sauvages qui entêtaient. Mais il revenait de ces sorties plus étranger encore. Bien que français, l'âme algérienne lui était devenue si intimement familière que rien ne l'avait surpris, c'était à son odeur surtout qu'il avait compris sa proximité avec elle, elle était tenace et âcre, de henné chaud et de cannelle, de savon trop parfumé et d'asphodèle, de vanille, de suint et de patchouli.

Les événements cependant s'aggravèrent tant que les sorties durent cesser. Il rejoignit sa prison d'amour avec bonheur, c'était un enfermement doux et chaud où s'apprenaient d'autres choses et se vérifiaient ses choix.

Un jour, pendant le blocus de Bab el-Oued, on devait être en 1962, peu avant le grand départ, comme la mère possédait des documents distribués par le F.L.N., craignant que l'O.A.S. ne vînt chez eux fouiller l'appartement, elle se résigna en pleurant à les détruire. Elle les déchira puis les plongea dans la cuvette des toilettes. La chasse d'eau fit un tourbillon et c'était, disait-elle, comme si son pays se noyait, précipité dans le gouffre. Dans l'embrasement généralisé, elle finit par craindre aussi pour elle ; à ses côtés, l'enfant prenait mesure de ce qu'était l'exil, de son chant de douleur et de déchirure, cette certitude d'être nulle part et en même temps d'avoir infiniment conscience de l'appartenance, de l'identité et d'être pourtant livré à l'abandon, aux paquebots du retour, aux grands flux migratoires, au silence épais des exodes quand tous les vaincus partent, Dieu sait où, et qu'ils se taisent toujours, toujours en baissant la tête, comme si tout dès lors n'avait plus qu'à se jouer ailleurs, dans les mouvements obscurs de la mémoire, dans son histoire nocturne et sauvage.

Un jour, quand le chaos s'installa et que personne ne sut vraiment comment le pays survivait aux promesses de la « terre brûlée », une fusillade éclata sur la montagne, près des balcons. Une balle perdue traversa un volet et se logea dans la tête d'une petite voisine qui faisait un dessin pour occuper le temps. Son cri, bref, retentit dans tout l'immeuble auquel fit écho celui des parents, cri de bête démesuré, énorme. Aussitôt tous les voisins sortirent sur les paliers, et l'enfant vit le père de la petite la porter, hagard, dans ses bras, pantelante, morte. Elle était son amie, sa camarade de jeux, qui, à chaque goûter, mangeait avec lui du couscous au petit-lait caillé saupoudré de sucre.

Son enfance cependant ne lui était pas volée, elle inscrivait sur son regard une gravité immense, elle lui donnait ce visage lourd des petits Arabes qui savent reconnaître à la sécheresse des terres, à la lancinante musique des mélopées, la résonance de tous les exils.

De cette enfance, il lui sembla plus tard qu'il avait tout appris. Que le reste de sa vie n'avait fait que puiser dans le lieu clos de cet appartement, que toute sa perception du monde s'était comme résumée, affinée là, auprès de la mère aux gestes millénaires de l'Orient. Il avait su intuitivement que cette enfance avait fait de lui un étranger aux yeux des autres, qu'il serait toujours décalé par rapport au monde, dont il avait voulu néanmoins apprendre les codes, pour mieux le défier et survivre, ce qu'il appelait : « subvertir le monde ». Cela voulait dire que quiconque avait connu ces enfances singulières et doubles et en avait triomphé était forcément sauvé, blessé mais sauvé, et en même temps comme dégagé de la société « civilisée » par une clairvoyance acquise de la souffrance. La mère, en lui, chantait toujours, elle lui redonnait le goût des sources, le nourrissait. Elle était encore cette terre engloutie qu'il avait vue se mélanger aux bouillons gloutons du sillage du paquebot qui l'avait conduit en France.

Du bastingage, appuyé à la main courante, l'enfant vit se perdre Alger, la ville blanche et les cubes peints à la chaux de la Casbah qui recouvrent les collines. Tout s'effaçait et pourtant en lui, il le savait déjà, tout s'inscrivait, se gravait, comme par enchantement.

Lentement, la mère voyait elle aussi s'éloigner sa terre natale. Elle était dans le mélange des sentiments, fière de ce pays rendu à lui-même, délivrée de la guerre mais seule, infiniment, pour conserver toute la beauté lyrique de Biskra, témoigner de ses coulées de palmiers qui, par milliers, empiètent sur les sables, retenir encore cette paix du soir qui tombe sur eux et donne aux palmeraies des lueurs violettes, presque noires.

L'enfant n'avait pu emporter avec lui qu'une valise, elle contenait quelques objets de première nécessité, et des traces dérisoires de ce pays que pourtant il n'avait pas visité entièrement. Mais être de cette enfance algérienne, être de l'Algérie, c'était, il le comprenait, autre chose que d'en avoir parcouru toutes ses terres. L'Algérie s'était établie autrement en lui, infiltrée sensuellement pour l'assurer qu'il provenait bien d'elle, de sa violence naturelle, de sa douceur brutale, de sa torpeur écrasante que venaient soudain raviver les souffles de la mer, de ses senteurs propagées par les milliers d'orangers en fleur et qui, depuis les vergers de la Mitidja, parvenaient jusque sur les balcons de Bab el-Oued, de son aptitude au silence et à la compréhension obscure des êtres et des choses.

Quand ? Quel jour, pensait l'enfant tandis que le paquebot filait vers l'horizon et qu'Alger se dérobait au regard, à quel moment précis de son existence recluse avait-il compris qu'il était résolument de là-bas ? Presque «arabe» lui aussi ? Par quel étrange destin devait-il cependant rejoindre la France, subir son accueil réservé, ses climats et ses modes de vie si étrangers à lui, aux rythmes si singuliers ? Il ne trouvait décidément de réponse que du côté de cette mère qui était près de lui, cachant ses larmes sous de grosses lunettes noires.

Grâce à elle, il se sentait porteur d'autres états du monde, d'un univers immémorial qui avait à voir avec des champs d'alfa, des troupeaux de moutons pacageant dans l'herbe sèche, la mer si chaude qui ourle les villas romaines de Tipasa, et les après-midi couleur de safran des siroccos, les cimetières marins où étaient abandonnés les siens, les haies de figuiers et les bouffées de lauriers-roses qui traversaient l'air de sa ville, les interminables récits de sa mère sur les pistes des oasis, et l'étendue des sables contre lesquels butent soudain les terres fertiles.

Certaines nuits, en France, lorsque l'Algérie l'appelait trop, il ouvrait la fenêtre de sa chambre et regardait le ciel. C'était à son immensité illimitée qu'il tentait de la rejoindre. Mais les nuits de France n'avaient pas cette clarté profonde que les étoiles aiguisent, et dont il avait eu la chance quelquefois d'entrevoir la splendeur. Ces fameuses nuits, comme le lui racontait sa mère, dans lesquelles le ciel s'entrouvre, où « les eaux amères deviennent douces, et les champs descendent sur la terre », celle que les Arabes nomment « *leila le qedr* », où « tout ce qu'il y a d'inanimé dans la nature s'incline pour adorer son Créateur »...

Ces nuits-là n'existaient plus désormais, mais il en portait le souvenir farouche et intact. Il savait que seuls avaient pu les voir ceux qui étaient les fils de cette Algérie légendaire, et qu'elles seules avaient donné les forces suffisantes pour continuer et croire.

Et cela jusqu'à ce que le temps, à force d'indifférence et labeur, parvienne enfin à les faire taire.

COLLECTION FOLIO

4791. Friedrich Nietzsche   *Lettres choisies.*

4791. Friedrich Nietzsche   *Lettres choisies.*
4792. Alexandre Dumas   *La Dame de Monsoreau.*
4793. Julian Barnes   *Arthur & George.*
4794. François Bégaudeau   *Jouer juste.*
4795. Olivier Bleys   *Semper Augustus.*
4796. Éric Fottorino   *Baisers de cinéma.*
4797. Jens Christian Grøndahl   *Piazza Bucarest.*
4798. Orhan Pamuk   *Istanbul.*
4799. J.-B. Pontalis   *Elles.*
4800. Jean Rolin   *L'explosion de la durite.*
4801. Willy Ronis   *Ce jour-là.*
4802. Ludovic Roubaudi   *Les chiens écrasés.*
4803. Gilbert Sinoué   *Le colonel et l'enfant-roi.*
4804. Philippe Sollers   *L'évangile de Nietzsche.*
4805. François Sureau   *L'obéissance.*
4806. Montesquieu   *Considérations sur les causes de la grandeur des Romains et de leur décadence.*
4807. Collectif   *Des nouvelles de McSweeney's.*
4808. J. G. Ballard   *Que notre règne arrive.*
4809. Erri De Luca   *Sur la trace de Nives.*
4810. René Frégni   *Maudit le jour.*
4811. François Gantheret   *Les corps perdus.*
4812. Nikos Kavvadias   *Le quart.*
4813. Claudio Magris   *À l'aveugle.*
4814. Ludmila Oulitskaïa   *Mensonges de femmes.*
4815. Arto Paasilinna   *Le bestial serviteur du pasteur Huuskonen.*
4816. Alix de Saint-André   *Il n'y a pas de grandes personnes.*
4817. Dai Sijie   *Par une nuit où la lune ne s'est pas levée.*
4818. Antonio Tabucchi   *Piazza d'Italia.*
4819. Collectif   *Les guerres puniques.*
4820. Patrick Declerck   *Garanti sans moraline.*
4821. Isabelle Jarry   *Millefeuille de onze ans.*
4822. Joseph Kessel   *Ami, entends-tu…*
4823. Clara Sánchez   *Un million de lumières.*
4824. Denis Tillinac   *Je nous revois...*
4825. George Sand   *Elle et Lui.*
4826. Nina Bouraoui   *Avant les hommes.*
4827. John Cheever   *Les lumières de Bullet Park.*

Impression Novoprint
à Barcelone, le 25 mai 2010
Dépôt légal : juin 2006
1er dépôt légal dans la collection : fevrier 1999

ISBN 978-2-07-040727-9./Imprimé en Espagne.